ଶବ୍ଦ ସାତ ତାଳ

ଶବ୍ଦ ସାତ ତାଲ

ଅଜୟ ପ୍ରଧାନ

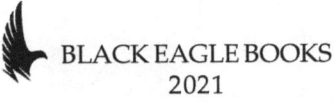

BLACK EAGLE BOOKS
2021

BLACK EAGLE BOOKS
USA address:
7464 Wisdom Lane
Dublin, OH 43016

India address:
E/312, Trident Galaxy, Kalinga Nagar,
Bhubaneswar-751003, Odisha, India

E-mail: info@blackeaglebooks.org
Website: www.blackeaglebooks.org

First Edition : 1997

First International Edition Published by
BLACK EAGLE BOOKS, 2021

SHABDA SATA TALA
by **Ajay Pradhan**

Copyright © **Urmila Samal (Pradhan)**

All rights reserved. No part of this publication may be reproduced, stored in a retrieval system, or transmitted, in any form or by any means, electronic, mechanical, photocopying, recording or otherwise without the prior permission of the publisher.

Cover & Interior Design: Ezy's Publication

ISBN- 978-1-64560-202-6 (Paperback)

Printed in the United States of America

ଦେୟ ପତ୍ର

ଶ୍ରୀଯୁକ୍ତ କମଳାକାନ୍ତ ଲେଙ୍କା
ଶ୍ରୀଯୁକ୍ତ ସୌଭାଗ୍ୟ କୁମାର ମିଶ୍ର
ଶ୍ରୀଯୁକ୍ତ ହରପ୍ରସାଦ ଦାସ
ଶ୍ରୀଯୁକ୍ତ ହରିହର ମିଶ୍ର — ମହୋଦୟଙ୍କୁ

ପଶ୍ୟ ମେ ପାର୍ଥ ରୂପାଣି
ଶତଶୋଽଥ ସହସ୍ରଶଃ ।
ନାନାବିଧାନି ଦିବ୍ୟାନି
ନାନା ବର୍ଣ୍ଣା କୃତୀନି ଚ ।
(ଶ୍ରୀମଦ୍ଭଗବଦ୍ ଗୀତା, ୧୧ଶ ଅଧ୍ୟାୟ, ଶ୍ଳୋକ-୫)

ଦି'ପଦ ମାତ୍ର

ବେଳେ ବେଳେ ମଣିଷକୁ ଆଶ୍ଚର୍ଯ୍ୟ କରିଦିଏ ସେଇ କଥା ଯାହା ଭାବି ଭାବି ତା'ର କପାଳର ରେଖା ସଂକୁଚିତ ହେଇ ଯାଇଥାଏ ଅଥଚ ତା' ପଲକକେ ସମାଧାନ ହୋଇଯାଏ । 'ଶବ୍ଦ ସାତ ତାଳ' ପୁନଃ ପ୍ରକାଶନ ପାଇଁ ମୁଁ ଏପଟ ସେପଟ ହେଉଥିବା ବେଳେ 'ବ୍ଲାକ୍ ଇଗଲ୍ ବୁକ୍ସ' ତରଫରୁ ଉଣେଇଶ୍ ମିନିଟ୍ ପଚାଶ୍ ସେକେଣ୍ଡରେ ଏହାର ଦାୟିତ୍ୱ ନେବାର ପ୍ରତିଶ୍ରୁତି ସୌମ୍ୟଶ୍ରୀ ସତ୍ୟ ପଟ୍ଟନାୟକଙ୍କ ଠାରୁ ମିଳିଗଲା ।

ଏହା ମୋ ପାଇଁ ଯେତିକି ଆଶ୍ଚର୍ଯ୍ୟଜନକ ଥିଲା ସେତିକି ବି ଥିଲା ଆନନ୍ଦଦାୟକ ।

'ଶବ୍ଦ ସାତ ତାଳ'କୁ ନେଇ କିଛି ଆଲୋଚନା ହେଇଚି; ଏହା ଦ୍ୱିତୀୟବାର ପ୍ରକାଶିତ ହେଲାପରେ ଯୋଉମାନେ ଏହାକୁ ଦେଖି ପାରିନାହାନ୍ତି ବା ପାଇନାହାନ୍ତି ସେମାନଙ୍କୁ ପଢ଼ିବାର ଏବଂ ଆଲୋଚନା କରିବାର ସୁଯୋଗ ମିଳିଗଲା ବୋଲି ଅନ୍ତତଃ ସ୍ପଷ୍ଟ ଭାବେ କହିହେବ । କାରଣ ଏ ବହିଟି ସେତିକିବେଳେ ପ୍ରକାଶିତ ହୋଇଥିଲା ଯେତେବେଳେ ବିଂଶ ଶତାବ୍ଦୀର ଶେଷ ଦଶକର କବିତାର, କହିବାକୁ ଗଲେ ଓଡ଼ିଆ କବିତାର, 'ଦୃଷ୍ଟିକୋଣ'କୁ ନୂଆ ଦିଶା ଦେବା ମଧ୍ୟରେ, ଏକ ମଜବୁତ ମୂଳଦୁଆ ପଡ଼ିବାର ସ୍ଥିତି ସୁନିଶ୍ଚିତ ହେଇ ସାରିଥିଲା । ଭୂମିମନସ୍କତା, ସମାଜ ପ୍ରବଣତା, ସମୟର ଚଳନ୍ତ-ବର୍ତ୍ତମାନତା ଓ ରାଜନୀତିକ ଭୟାବହତା ଗୋଷ୍ଠୀ-ଏକକତା, ନିରୋଳ ସ୍ଥାନୀୟତା, ବିବିଧ ଅଂଶୀଦାରୀତା, ବହୁସ୍ତରୀୟ ବାସ୍ତବତା ଆଦି ଦେଖିବାକୁ ସୁଯୋଗ୍ୟ ଆଲୋଚକମାନେ ପୂର୍ବଜଙ୍କ କବିତା ସ' ସେ ସମୟର ପତ୍ର ପତ୍ରିକା ଓ କବିତା ସଂକଳନଗୁଡ଼ିକ ବିଧିବଦ୍ଧ ଭାବେ ଅନୁଧ୍ୟାନ କଲେ ନିଶ୍ଚୟ ଗୌରବାନ୍ୱିତ ମନେ କରିବେ ବୋଲି ଆଶା କରାଯାଇପାରେ ।

ମୁଁ, ଏଇ ସୂତ୍ରରେ, କବି ରୋହିଣୀକାନ୍ତ ମୁଖାର୍ଜୀଙ୍କ ତାଗିଦ୍ ଓ ସୌମ୍ୟଶ୍ରୀ ସତ୍ୟ ପଟ୍ଟନାୟକଙ୍କ ଅକୁଣ୍ଠିତ ଆଗ୍ରହକୁ ସଶ୍ରଦ୍ଧ ସମ୍ମାନ ଜଣାଉଛି ।

ଅଜୟ ପ୍ରଧାନ

ଅଜୟ ପ୍ରଧାନଙ୍କ କବିତା ସଂକଳନ

୧. ଭୂମିପର୍ବ
୨. ଶବ୍ଦ ସାତ ତାଳ
୩. ସେଇ ସବୁ କଥା
୪. ବଇଦା'ନା ଓ ଅନ୍ୟମାନେ
୫. ଅପୂର୍ବା
୬. ଆନନ୍ଦ ଭୈରବୀ
୭. ପାଣି ଦେବତା
୮. ମୁସାଫିର୍‌ର ଡାଏରୀ
୯. ରାମବାଣ
୧୦. କହିବେନିଟି !

ଗଳ୍ପ ସଂକଳନ

୧. ନନ୍ଦିତା ଆସୁଛି

ପରିଚୟ ପତ୍ର

କ.	ବୋଉ	୧୧
ଖ.	ବାପା	୧୩
ଗ.	ବର୍ଷା	୧୫
ଘ.	ସୂର୍ଯ୍ୟାଙ୍କୁର	୧୭
ଙ.	ଭୂମିପର୍ବ	୧୯
ଚ.	ସ୍ୱାଧୀନତା	୨୦
ଛ.	ଦେବଦାସ	୨୨
ଜ.	ନାରସେନା	୨୫
ଝ.	କାଉଲ୍	୨୮
ଞ.	ଅନୁନାନୀ	୩୨
ଟ.	ଚୌକିଦାର	୩୪
ଠ.	ମାଗୁଣି	୩୬
ଡ.	ବିଶ୍ୱନାଥ	୩୯
ଢ.	ଚିତ୍ରସେନ	୪୨
ଣ.	ଜୀମୂତ ଦାସ	୪୭
ତ.	ମାଣିକ	୫୦
ଥ.	କନିଷ୍କ	୫୨
ଦ.	ସୁମନ୍ତ ମିଶ୍ର	୫୪
ଧ.	ସେନାପତି	୫୭
ନ.	ଜଣେ ବୁଢ଼ା ଲୋକ ସମ୍ପର୍କରେ	୫୯
ପ.	ପୁରୀ	୬୧
ଫ.	ନାନୁ'ନା	୬୩
ବ.	ଜୋକର୍	୬୫
ଭ.	ସଞ୍ଜୁକ୍ତାଙ୍କୁ	୬୬
ମ.	କିମ୍ବଦନ୍ତୀ	୬୮
ଯ.	ବଇଦା'ନା	୭୦
ର.	ମ୍ଳେଚ୍ଛ	୭୨
ଲ.	କାବ୍ୟନାୟକ	୭୪
ବ.	ମାନିକ୍ ଦା'	୭୬
ଶ.	ମନମୋହିନୀ	୭୮
	କହୁ କହୁ...	୮୦

ବୋଉ

ନିରବତା
ବୋଉର ଅସଲ ନାଆଁ ।
କାଉଙ୍କୁ, ସୂର୍ଯ୍ୟକୁ ନିଦରୁ ଉଠାଏ
ପାଣି ଦିଏ ସାରା ଘର, ଚଉରାରେ
ଝଡ଼ା ତୁଳସୀପତ୍ର ଚାକୁଳି ମନାସେ
କାଚ ବଜର ଥାଉ ସବୁ ସମୟରେ ।

ପିଲାଙ୍କୁ ସ୍କୁଲ ଛାଡ଼ିବା, ବାପାଙ୍କୁ ଅଫିସ
ସବୁକୁ ସାରିଥାଏ ଠିକେ ଠିକେ
ଦେଖେନା ସିନେମା କି ଟେଲିଭିଜନ
ଦେଖେ ବେଙ୍ଗଫୁଲା ମନ୍ଦା ପରି ଛୋଟ ସଂସାର :
ଆଦୁ ଚାକିରୀ ଖୋଜୁ ନଥିବା କୋଡ଼ପୋଛା ପୁଅ
ବଡ଼ର ସ୍ତ୍ରୀର ଭାଙ୍ଗିଯାଇଥିବା ଦାନ୍ତ, ଝିଅଙ୍କ ନୂଆ ଘର
ବାପାଙ୍କ ଚା' ଓ ଚଷମା ପରି ପ୍ରେମ ।

ନାତି ନାତୁଣୀ ରବେଇ ଖବେଇ ହେଲେ
ନେଫେଡ଼େଇ ଦିଏ ଓଠ ଖୁବ୍ ମାପଚୁପ
ଦି'ପହର ପରି ତୋଫା ଆଉ ଟାଣ
ସାଇ ମାଇପେ ଜାଣନ୍ତି ବୋଉ ଗୋଟେ ନାଗସାପ !

ଯେ'ଯୁ'ଠି ଥା'ନ୍ତୁ, ଭାବନ୍ତି
ମୋନାଲିସା ପରି ବୋଉର ବୋକା ବୋକା ଆଖି
ଛୁଟିରେ ଲମ୍ବା ତାଲିକା ଥାଏ ତିଆରି
ପାନ ଗୁଆ ଗୁଣ୍ଡି, ଖଇର ଚପଲ ଶାଢ଼ୀ
ଧୋ' ବାୟା ଗୀତ ପରି
ଅନେକ ସ୍ୱପ୍ନ ବୁଣା ଚାଲିଥାଏ ସବୁ ପିଲାଙ୍କଠି ।

ଥରେ ଅଧେ
ବୋଉଠୁ ଲୋରୀ ଶୁଣିବାକୁ ଆସନ୍ତି
ବୁଦ୍ଧଦେବ ପଡ଼ୋଶୀଙ୍କ କୁନିପୁଅ ବେଶରେ
ନିର୍ବାଣର ରାସ୍ତା ସବୁ ବୋଉର କାନିରେ !
ରାନ୍ଧଣା ଚାଖିବେ ବୋଲି
ନିଲଠାଙ୍କ ପରି ଚହଟି ପଡ଼ନ୍ତି ଦୁର୍ବାସା ନିତି ସଞ୍ଜବେଳେ
ବାପା ପଢ଼ନ୍ତି ମହାଭାରତ
ନ ଶୁଣିଲା ପରି କାନ ଡେରି ବୋଉ ଶୁଣେ ।

ଘର ଶୂନ୍‌ଶାନ ବେଳେ
ପବନ ପିଟି ହଉଥେଲା ବେଳେ ଝର୍କା ଦ୍ୱାର କାନ୍ଥରେ
ବୋଉ ଗଣେ ଆକାଶରେ ତାରା
ପୃଥିବୀ ଲୋଡ଼େ ନିଷ୍ଣା ନିରାପତ୍ତା
ଦେବ ଦେବୀ ଗନ୍ଧର୍ବ କିନ୍ନର ଇନ୍ଦ୍ର ଚନ୍ଦ୍ର ବରୁଣ
ସମସ୍ତେ କରନ୍ତି ପ୍ରାର୍ଥନା
ଗଛବୃଛ ନଦନଦୀ ସମୁଦ୍ର ସହର ମଣିଷ -
ବୋଉ ହସେ,
ଜମାଏ ଅଷ୍ଟମ ଗର୍ଭର ତପସ୍ୟା
ବାପା ପହଞ୍ଚୁ ପହଞ୍ଚୁ ବୋଉ କହେ
ଶୁଣୁଚ ! ତମେ ହେବାକୁ ଯାଉଚ ବାପା !!

■

ବାପା

ଘର ଭିତରେ ଯୁ' ପଟୁ ମୁଣ୍ଡ ଗଳେଇଲେ ବି ଅଳିଆ ଗଦା
ପାହାଡ଼ ପରେ ପାହାଡ଼ ଡେଇଁଲା ପରେ
କାହୁକୁ ଲାଗି ବାପା ।

ବହି ଭିତରେ ସାରା ଜୀବନ
ନିରବ, ଖୁବ୍ ପ୍ରଗଲ୍‌ଭ ନଦୀପରି ବାପା
ବୋଉ ଯୋଗାଏ ନିଆଁ ଆଉ ଚା'
ଆଜିକାଲି ଫିଙ୍ଗି ଦେଲେଣି କଳାକୋଟ୍, କବିତା ।

ଖୁବ୍ ଜାଣନ୍ତି ବାପାଙ୍କୁ
ଅଭିମନ୍ୟୁ ଉପେନ୍ଦ୍ର ବଳଦେବ ତୁଳସୀ ଦାସ
ସମ୍ଭୁକ ରାଜା, ପଟେଲ୍, କାଳିଦାସ
ଭବନସ୍ ଜର୍ଣ୍ଣାଲ, ସମାଜ, ସମୁଦ୍ର, ବଡ଼ପୁଅ
ଝିଅ ବିଦାବେଳେ ବି ବିଜୁଳି ପରି
ଦେଖେଇ ପାରନ୍ତି ଦି' ଧାର ଲୁହ ।

ଲୁହା ପରି ମୋଟ ଆଉ ଟାଣ
ପାଣିଚିଆ ରାତି ପରି ମାଂସ, ମନ
ଯୌବନ ଓ ରକ୍ତ ଶାନ୍ତ ଆସ୍ଫାଳନ
ବାପାଙ୍କର କଟିଲାଣି ଏମିତି ଦିହ ଗୋଟାକ,
କେହି କହନ୍ତି ନାଇଁ ଡେଢ଼ି କେବେ
କେହି କେବେ ଡାକି ନାହାନ୍ତି ପାନିପଥ ।

କେହି କେବେ ଡାକିଚି ବାପାଙ୍କୁ ତ
ପଶାପାଲି ଜମିବାଡ଼ି ଜାତକ ନିଦ
ସାରା ରାତି କଟିଯାଏ କାଳେ ଭାବି ପିଲାଙ୍କ ଭବିଷ୍ୟତ

(ଯା’ ନେଇ ଆଦୁ ଖେଳାନ୍ତି ନାଇଁ ମୁଣ୍ଡ ପାଦ, ସତ)
ମିଛ କହନ୍ତି ନାଇଁ ଯେଣୁ
ବୋଉକୁ, ପଡ଼ୋଶୀଙ୍କୁ ଶୁଣାନ୍ତି ଭାଗବତ ।

ଏମିତି ସୁଧାର ଜନ୍ତୁ ବେଳେ ବେଳେ
ଛିନ୍‌ଛତ୍ର କରି ଦିଅନ୍ତି ପିମ୍ପୁଡ଼ିଙ୍କ ଘର
ମାଛ ଖାଆନ୍ତି କିଲ କିଲ ପଢ଼ି ମନ୍ତ୍ର ଦଶାବତାର
କୁଢ଼ କୁଢ଼ ଶ୍ଳୋକ ଆଉ ଧର୍ମନୀତିରେ
ଭୁଷୁଡ଼େଇ ଦିଅନ୍ତି ପୌରୁଷ ନିଜର ।

ସେଦିନ ସବୁ ଜଳ ଜଳ :
ବୋଉକୁ ବନେଇ ଦେଲେ ପଥର
(କାଳେ ଲୋଡୁଥିଲା ବୋଉ ପୃଥ୍ୱୀର ଜୀବନ !)
ପୁଅଙ୍କୁ କୁଣସି ମତେ ପାଇଲେ ବାଲ୍ମୀକି
ପାଉଁଶ ପାଲଟିଲେ କଲମ କାଗଜ କଣ୍ଢେଇ
ଗାଈ କି କ୍ଷେତ ଦେଲେ ନାଇଁ ଶସ୍ୟ
ବାପା ବୁଝିଲେ ନାଇଁ
ଚୌକାଠ ଡେଇଁ ପଳାଏ ମେଘ ଓ ବିଶ୍ୱାସ ।

କେହି ପାରିଲେ ନାହିଁ ଭରସି
ଅଙ୍ଗଦ ହନୁମାନ ଉଇ କି ଦୁର୍ବାସା
କେହି ଜୋର୍ କରି ପାରନ୍ତି ବି ନାଇଁ
ବାଲୀ ଦ୍ରୋଣ ଏକଲବ୍ୟ ଭୀମ କି ରାଇସା
ମୁହଁ ପୋତି କର୍ଣ୍ଣ ଜୟଚନ୍ଦ୍ର ସମେତ ଦେଖନ୍ତି ରାସ୍ତା
ବିଜ୍ଞ ମୂର୍ଖ ପରି ନିଃସଙ୍ଗ ହେଲେ ବି ବାପା
ଚୌକିଦାର ପରି ବସି ରହନ୍ତି ଦାଣ୍ଡ ପିଣ୍ଡାରେ ଏକା ।

ଯଦିଓ, କେହି କହନ୍ତି ନାଇଁ
ବାପା ହେବାକୁ ଯୋଗ୍ୟ ନୁହଁ ତମେ, ବାପା !

ବର୍ଷା

କେତେ ବିଷଣ୍ଣ ସମସ୍ତେ
ଛାତି ଦେବକୀ ଆକାଶ କ୍ଷେତ !
ତମେ ପହଞ୍ଚି
ଫୁଟେଇ ଦେଲ ଫୁଲ ଗୀତ ବସନ୍ତ
ଦୁଃଖ ସୁଖ ଭୁଲିଗଲେ ବାଟ
ନିଆଁ ଭୁଲିଗଲା ବି ଉତ୍ତାପ
ପକ୍ଷୀମାନେ ଖୋଜିଲେ ନିରାପତ୍ତା, ଘର
ସବୁଠି କିଛି ନା କିଛି ଘଟିଲା
ତମ ଆସିବାରେ
ରାଜୁ ବି ଗାଇଡ଼୍‌ରୁ ସନ୍ନ୍ୟାସୀ ହେଇଗଲା ।

କୋଉଠି ଥିଲ ତମେ ଏ ଯାଁ ?
କିଏ କେତେ ନ ଖୋଜିଚି
ଇନ୍ଦ୍ରଠୁ ଇନ୍ଦିରା ମୁଖାର୍ଜୀ ପର୍ଯ୍ୟନ୍ତ
ରାତି ରାତି ଦିନ ଦିନ ବର୍ଷ ବର୍ଷ ଯୁଗ ଯୁଗ
କିଏ କେତେ ଡାକିଚନ୍ତି
ମନ୍ଦିରରେ ମସ୍‌ଜିଦ୍‌ରେ ଚର୍ଚ୍ଚରେ ଗୁରୁଦ୍ୱାରରେ
ପବନା ମାରୱାଡ଼ିଠୁ ପବନ ଯାଁ
ଭୀମଦାସଠୁ ଭୀମସେନ ଯାଁ
ସାରଳା ଭୋଇଠୁ ସଫଦର୍ ହସିମ ଯାଁ
ଶତାବ୍ଦୀ ଶତାବ୍ଦୀ କେତେ ଲୋଡ଼ିଚନ୍ତି
ତମର ଠିକଣା ଗୀତାଠୁ ଗୀତା ପ୍ରଧାନ ଯାଁ
ଯୀଶୁଠୁ ଜର୍ଜ ସିଂ', ଜୀମୂତଠୁ ହାଡ଼ ଯାଁ ?
କେତେ କିଏ ତାଡ଼ିଚନ୍ତି ଉଖାରିଚନ୍ତି ଘା',
ତମେ କୋଉଠି ଥିଲ ଏ ଯାଁ ?
ତମେ, ସତ କହୁଚି, ପହଞ୍ଚିଲା ପରେ

କଣ ନାଇଁ କଣ ଘଟିଲା କହିବା ମୁସ୍କିଲ,
ଡବ୍ ଡବ୍ କାନ୍ଦି ପକେଇଲେ ଈଶ୍ୱର
ପୂରିଗଲେ ଫଟାଫଟ୍ ପୋଷ୍ଟବାକ୍ସ
ଦୂର୍‌ଦାର୍ ଚିଲ୍ଲେଇଲେ ଟେଲିଫୋନ୍‌ମାନେ
କମ୍ପି ଉଠିଲା ସମ୍ବାଦଠୁ ଟେଲିଭିଜନ !
ଭାବି ହେଲା ନାଇଁ ତମେ ନା ଜହ୍ନରାତି
ଏକ କୋମଳ ଉପଦ୍ରବ, ଶୀତଳ ତାତି
ସହିଯାଏ ରକ୍ତ, ଆଖି ସବୁ ଅଦଭୁତି
ଭୀଷଣ, ସୁନ୍ଦର
ଯେମିତି ତମର ଯିବା ଓ ଆସିବା
ସମୟ ଓ ସମୟାନ୍ତର ॥

■

ସୂର୍ଯ୍ୟାଙ୍କୁର

କ'ଣ ଖୋଜୁଚି ଏତେକାଳ
ବଣ ଜଙ୍ଗଲ ନଈ ପାହାଡ଼ ଖୋଲ
ଖପୁରୀ କ୍ଷେତ କବର ଘର କଙ୍କାଳ
କ'ଣ ଖୋଜୁଚି କ'ଣ ?

ମୁଁ ଦେଖୁଚି, ଖୁଚି
କେତେବେଳେ ମିଶିଯାଏ ପବନରେ
କେତେବେଳେ ମେଘରେ ଆଲୁଅରେ
କେତେବେଳେ ପଙ୍କରେ ଅରମାରେ
କେତେବେଳେ ମାର୍କେଟ୍‌ରେ ପାର୍କ୍‌ରେ
କେତେବେଳେ ମନ୍ଦିରରେ ବେଶ୍ୟାପଡ଼ାରେ
କେତେବେଳେ ପାର୍ଲାମେଣ୍ଟରେ ସୁଟିଂ ସ୍ପଟ୍‌ରେ
କେତେବେଳେ ସେ ଜୀବନ ଦାସ ତ
କେତେବେଳେ ସେ ପଙ୍କଜ ଉଦ୍ଧାସ ତ
କେତେବେଳେ ହିଞ୍ଜଡ଼ା ମହାସଭାରେ ତ
କେତେବେଳେ ପଡ଼ୋଶୀ ରାଷ୍ଟ୍ରଙ୍କ ଯୁଦ୍ଧ ବିମାନରେ
କେତେବେଳେ କ'ଣ କେତେବେଳେ କୁ'ଠି
ଜାଣିବା, ବୁଝିବା କାଠିକର ସବୁଠି ପକ୍ଷରେ ।

ଦିନେ ଦିନେ ସ୍ୱର ଶୁଭେ ଶୂନ୍ୟରୁ
ଜାଣେ, ପକ୍ଷୀଙ୍କ ଫୁଲ ସଭାରେ

ଦିନେ ଦିନେ ପାଦ ଶୁଭେ ଫାଙ୍କା ରାସ୍ତାରୁ
ଜାଣେ, ପ୍ରଜାପତିଙ୍କ କଢ଼ଙ୍କ ଦଂଶନରେ
ଦିନେ ଦିନେ ହସର ଲହର ଆସେ ମଶାଣିରୁ
ଜାଣେ ଭଙ୍ଗା ଜଳା ହୃତ୍‌ପିଣ୍ଡଙ୍କ ଝୋପଡ଼ିରେ
ଦିନେ ଦିନେ ଲତେଇ ଆସେ କାନ୍ଦଣା
ପାଖା ପାଖି ଫାୟାର ଷ୍ଟେସନରୁ
ଜାଣେ, ନିଜକୁ ସାମ୍ନା କରିପାରୁ ନଥିବା ଲୋକଙ୍କ ଖଟିରେ
ଦିନେ ଦିନେ ଫୁଟେ ଅନେକ ଗୁଳି, ଶବ୍ଦହୁଏ
ମାଝି ଜିଭ ମୂଷା ମାଛ ଲିଙ୍ଗ ହରିଣୀ ଥର ଥର
ଓ ସେ ବାହାରେ ବିଚିତ୍ର ପୋଷାକରେ
ଯୋଉ ପୋଷାକ ଦେଖି ମୋର ଲୋଭ ହୁଏ ଥରେ ଥରେ
ଓ ମୁଁ ଥାଏ ସବୁକାଳ ଘଷି ଘଷି ପାଖରେ ।

ଦିନେ ସୁବିଧା ପାଏ ଓ ପଚାରେ
କ'ଣ ଖୋଜୁଚ ଏତେକାଳ, କ'ଣ ?
ପୃଥିବୀ ବ୍ୟସ୍ତ, ମାଟିର ବି ଖସିଲାଣି ଖଣିଜ ସ୍ୱାସ୍ଥ୍ୟ
ଡେରି କରନି, କୁହ, କ'ଣ ??

ହାଡ଼ ?
ନିଦ ?
ସାରଥି ?

ସେ ନାଇଁ ଉତ୍ତରେ, ହସେ କେବଳ
ସେ ହସରେ ଛିଡ଼ିପଡ଼େ ରକ୍ତ ନବଖଣ୍ଡ
ସେ ରକ୍ତରେ ହୋରି ଖେଳେ ସୂର୍ଯ୍ୟ ଓ ସମୁଦ୍ର
ସେ ସୂର୍ଯ୍ୟ ଓ ସମୁଦ୍ର ଦିଶେ ବହୁଦୂରେ
ସାତ ତାଳ ଶବ୍ଦ ଚଉଦ ତଳ ଉପଶବ୍ଦ
ଓ ତା' ଭିତରେ ଫରୁଆ ଓ ଫରୁଆ ଭିତରେ... ॥

■

ଭୂମିପର୍ବ

କେହି ଯାଆନ୍ତୁ ନ ଯାଆନ୍ତୁ
ମୁଁ ଯିବା କଥା ଇ ଯିବି
ପାଦରେ ନ ଥାଉ ଚପଲ, ମୁଣ୍ଡରେ ଟୋପି
କଚଟିରେ ନ ଥାଉ ଘଣ୍ଟା, ଆଖିରେ ଚଷମା
ଖରା ହଉ ବର୍ଷା କି ଶୀତ, ଦିନ କି ରାତି ।

ଭୂମି ଛାଡୁନି ପାଦ ନା ପାଦ ଛାଡୁନି ଭୂମି ?
ଜାଣି ହଉନି,
ବୋହି ଚାଲିଚି ରକ୍ତ ଧାର ଧାର କାଚ ଉପରେ
ଦୀପ ସବୁ ନିଭୁ ନିଭୁ ଜଳିଉଠୁଚି ଦପ୍ ଦପ୍
ପାହାଡ଼ ମଥାରେ ।

ମୁଁ ସେମାନଙ୍କ ଭିତରୁ ଜଣେ,
କିନ୍ତୁ ସେମାନଙ୍କ ଭିତରେ ନାଇଁ
ସେମାନେ, ଯିଏ ଶୃଙ୍ଗ ଖୋଜି ଆସନ୍ତି
ସେମାନେ, ଯିଏ ସମୁଦ୍ର ମାପିବାକୁ ଯାଆନ୍ତି
ସେମାନେ, ଯିଏ ଚାଲି ଚାଲି ମରୁଭୂଇଁରେ ପାଦଚିହ୍ନ ରଖନ୍ତି ।

ମୁଁ ଅଛି !
କ୍ରିଷ୍ଟାଲ କ୍ରିଷ୍ଟାଲ କ୍ଲାନ୍ତି ଭିତରେ
ହସୁଚି, ଖେଳୁଚି, ଦିଗନ୍ତକୁ ଛୁଇଁବାକୁ କୁଦମାରୁଚି, ଭାବୁଚି :
ଯିବାର ଥିଲା ଯା'ର
ଆକାଶକୁ ଚାହିଁ ସିଏ ଠିଆ ରହିଚି କେମିତି ??

■

ସ୍ୱାଧୀନତା

ଅନେକ ଲୋକ ଅପେକ୍ଷା କରିଛନ୍ତି ପଡ଼ିଆରେ
ତୋପ ବାଣ କାଗଜ ପତାକା ସୁସୁରୀ ଓ ବ୍ୟାଣ୍ଡ୍ ବାଜାଧରି,
ପ୍ରତ୍ୟେକଙ୍କ ଆଖି ଆଉ କାନ ଉଦ୍‌ଗ୍ରୀବ ଯେମିତି ସ୍ପନ୍ଦନ,
କେହି ଜଣେ ଆସିବାର ଅଛି ବିଶେଷ ଅତିଥି ବା ଆତ୍ମୀୟ
ଯା' ନେଇ ସବୁଠି ଚର୍ଚ୍ଚା ଓ ବିପୁଳ ଆୟୋଜନ !

ମୁଁ କିନ୍ତୁ ଚିହ୍ନେନା କାହାକୁ, ଉପସ୍ଥିତ ବା ଅନୁପସ୍ଥିତ
ସମସ୍ତେ ଲାଗନ୍ତି ଆପଣାର ଆପଣାର ତ !
ସତରେ କାହାକୁ ଭାବିବ ଯେ ଶତ୍ରୁ, ପର
ଯୀଶୁ ମହମ୍ମଦ ବୁଦ୍ଧ ନାନକ ଚୈତନ୍ୟ ଜଗନ୍ନାଥ
କିଏ ନୁହେଁ ଯେ କାହାର ??

ଛାଡ଼, ମୁଁ କହୁଥିଲି କଣ, କହୁଚି କଣ !
କେହି ଜଣେ ଆସିବା ନେଇ ଝାମଝଡ଼ା ପଟୁଆର
ଆକାଶର ଖୋଲା କୋଠୀରେ କୋଟି କୋଟି ସୁନାର ମୋହର
ବସ୍‌ଷ୍ଟାଣ୍ଡ୍ ଷ୍ଟେସନ ଏରୋଡ୍ରମ୍ ସବୁ ନାଚୁଥିବା ପାଦ ଦ୍ୱାରା ପୂର୍ଣ୍ଣ :
ଖବରକାଗଜବାଲା, ଚା'ବିକାଳି ଓ ଅସ୍ପଷ୍ଟ ଗହଳି ଭିତରେ କି
ମୁଁ ପଚାରିପାରେ କିଏ ଏଇ ମହାମାନ୍ୟ ?

ଶୁଣିବା ଦୂରେଥାଉ ମୋତେ ଚାହିଁବା ଲୋକ ବି କାଇଁ !
କିନ୍ତୁ କି ଆଶ୍ଚର୍ଯ୍ୟ ମୋତେ ଆଦୌ କିଛି ବାଧେ ନାଇଁ
ବରଂ ଲାଗେ ମୁଁ ଯୋଉଠି ଠିଆ ତା' ଏକ ତୀର୍ଥ ସ୍ଥାନ :
ପଡ଼ିଯାଉଚି କିଏ ତ ତାକୁ ଉଠେଇ ନଉଚି କିଏ
କାହାକୁ ଛାତିରେ ଆଉଜେଇ ନଉଚି କିଏ ତ କିଏ ପୋଛେ ରକ୍ତ
କିଏ ପ୍ରଣାମ କରୁଚି ତ କିଏ ମିଳଉଚି ହାତ ସ' ହାତ
ବାଛ ବିଚାର ନାଇଁ କିଏ କାହାକୁ କରୁଚି କୋଳାଗ୍ରତ !!

ଚାହୁଁ ଚାହୁଁ କୋଉଠିଥାନ୍ତି ପକ୍ଷୀ ଫୁଲଙ୍କ ପରି ପତ୍ରଙ୍କ ପରି
ଖଞ୍ଜି ହେଇଯାନ୍ତି ଥୁଣ୍ଟା ଗଛମାନଙ୍କରେ,
ବେଲୁନ୍ ପେଟିଆ ଛୁଆଏ ଗାଆନ୍ତି ଜାଣି ନଥିବା ଜାତୀୟ ସଙ୍ଗୀତ
ଗଜା ଓ ବୁଢ଼ା ମିଶି ଚଲେଇଥାନ୍ତି ଗୀତ ପରେ ଗୀତର ସଙ୍ଗତ !!

ଆଉ ପଚାରିବି କାହାକୁ କିଆଁ ଏତେ ସବୁ ପରେ-
ମୁଁ କଣ ଦେଖୁନି କି ଅଧରାତିରେ ସୂର୍ଯ୍ୟ, ବର୍ଷାରେ ବସନ୍ତ !!

■

ଦେବଦାସ

ଗୋଟେ କଥା, ଶୁଣିବ ?
ଶୁଣ,
ଦେବଦାସ ସଂବାଲୁଆରୁ କାଉ ହୋଇ ଯାଇଚି !
କୌଣସି ଛକରେ, ଷ୍ଟ୍ରୀଟ୍‌ରେ, ହୋଟେଲ୍‌ରେ
କି ସିନେମା ହଲ୍‌ରେ ଏ ଖବର ନାଇଁ ଯଦିଓ ।

କଥାନୁସାରେ
ଇନ୍‌ଭିଟେସନ୍ ଦିଆଯାଇଚି
ଗଜାପତ୍ରକୁ, କଣ୍ଢେଇକୁ, କାଗଜଡଙ୍ଗାକୁ,
ଈଶ୍ୱରଙ୍କୁ କରା ହେଇଚି ବୁକ୍‌ପୋଷ୍ଟ
ଗୋଟାଏ ଡିପ୍ଲୋମାଟ୍, ଚାନାଚୁର ପକେଟ୍
କିଛି ଆଳୁ ଚିପ୍‌ସ, ପିଆଜ ଓ ଆଇସ୍ ।

ଦେବଦାସର ଇଛାଥିଲା
ତାରାମାନଙ୍କୁ ଲିଚୁମାଳ କରି ଝୁଲେଇବ
ଅଗଣା, ଛାତ, ଛାତି, ପାଚେରି ସାରା
ସୂର୍ଯ୍ୟକୁ ଗୋଟେ ପାର୍ଟିଦେବ କୋଣାର୍କରେ,
ସମୁଦ୍ରକୁ ବିଧବା ଶବ୍ଦଟିଏ ପରି ସାଇତିବ
ପକେଟ୍ ଡାଏରୀରେ, ପକ୍ଷୀମାନଙ୍କୁ ହକାଳିବ
ପଞ୍ଜୁରିରୁ, ବାଘ ଆଁରୁ ମୁକୁଳେଇବ ସମଗ୍ର ସହର
ସମଗ୍ର ପୃଥ୍ୱୀ ରାକ୍ଷୁଆ ହାତରେ, ହାଡୁଆ ଜିଭରେ ।

ଦେବଦାସର ଆଉରି ଇଚ୍ଛା
ଖାକୀ ପୋଷାକ, ନାଲିଟୋପି ପିନ୍ଧା
ଋତୁମାନଙ୍କୁ ସଜେଇବ ଡ୍ରଇଁ ରୁମ୍‌ରେ
ବଗିଚାରେ ପୋତିଥିବା ମାଂସଳ ଯନ୍ତ୍ରଣାମାନଙ୍କୁ
ଫୁସୁଲେଇବ ପାର୍ଟନେବାକୁ ଡ୍ରାମାରେ,
ଛିଣ୍ଡା କୁର୍ତ୍ତା, ଛିଣ୍ଡା ବୁଟ୍, ଛିଣ୍ଡା ହସ, ଛିଣ୍ଡା ହୃତ୍‌ପିଣ୍ଡକୁ
କଲେଇ କରି ଫୋପାଡ଼ି ଦେବ ଜାଗୁଆର ପରି
ଶୋଭାଯାତ୍ରାରେ ବାହାରିଥିବା ଅନ୍ଧାର ଉପରକୁ ।

କମ୍‌ଜୋର ଯଦି କିଛି ଥାଏ
ତା'ହେଲା ମାଲ୍ ଟେକିବା, ଦର୍ପଣ ଭାଙ୍ଗିବା
ବେନାମି ଚିଠି ପକେଇବା ଈଶ୍ୱରଙ୍କ ନାଁରେ,
ଚିରା ସବୁ କାଗଜକୁ ରକ୍ତରେ ଯୋଡ଼ିବା,
ବର୍ଷାକୁ, ଖରାକୁ ସ୍ୟାହି ଭାବେ ଶୋଷିବା,
ଆତଙ୍କିତ ବିଷାଦମାନଙ୍କୁ ଟାଣିବା ଚୁରୁଟ୍ କରି,
କିମ୍ବା ନିଜକୁ ଟେଲିଫୋନ୍ କରି ଚମକଦେବା
ଅବଶ୍ୟ, ତା'ଠିକଣା ଜଣା ନଥାଏ ତାକୁ କେବେ ବି ।

ସଚରାଚର ହୁରି ପଡ଼ିଚି :
ଦେବଦାସ କାଳେ ତିନି ଆଖିଆ ଈଶ୍ୱର !
ଗଛବୃଛ, ନଦନଦୀ, କୀଟ ପତଙ୍ଗ କହିଲେ :
ଦେବଦାସ, ତମେ ଈଶ୍ୱର
ଈଶ୍ୱର କହିଲେ, ଦେବଦାସ, ତମେ ଈଶ୍ୱର;
ଅଥଚ ନିଶାରେ ବିଡ୍ ବିଡ୍ ହୋଇ ଦେବଦାସ
କହି ପକେଇଲା, ଆବେ, ଯାଃ ! ସବୁ ଫାଲ୍‌ତୁ,
ଈଶ୍ୱର ଫିଶ୍ୱର ଗୋଟେ କ'ଣ ?
ମୁଁ ଗୋଟେ ନିଛକ ମଣିଷ, ସର୍କସର ଜାନୁଆର !
ସତେ ଯେମିତି ବେତଧରି ଚାହାଳୀ ମାଷ୍ଟ୍ର ବୁଝଉଚି
ଜୀବନ କ'ଣ, ମରଣ କ'ଣ ସମୟ କ'ଣ !!

ସେଇ ରାତିରେ ଖୋଜା ପଡ଼ିଲା ଦେବଦାସକୁ
ଈଶ୍ୱର, ସାବିତ୍ରୀ, ବିଶ୍ୱାମିତ୍ର - ସମସ୍ତେ ଖେଦିଗଲେ
ଚତୁର୍ଦ୍ଦିଗ, ଅଥଚ ସେଇରାତିରେ ପାର୍ଶଲରେ ପାଇଲି
ପଟେ ଚାଖଣ୍ଡିଆ ହାଡ଼ ଆଉ ଦି'ଟିଣ ତାଜା ରକ୍ତ
ଯା'କୁ ନେଇ ଆଜି ମୋ ବଧିରା ସଂସାର :
ହାଡ଼ରୁ ଗନ୍ଧ ମୁଁ ବାରିପାରୁଛି
ରକ୍ତରୁ ମହମହ ଚିତ୍କାର ମୁଁ ଶୁଣିପାରୁଛି,
ବୁଝିପାରୁଛି ହାଡ଼ ଆଉ ରକ୍ତ ପଠେଇଥିଲା କିଆଁ
ଦେବଦାସ, କିଆଁ ଖୋଜୁଥିଲା ମନ୍ଦିର ଚୂଡ଼ାରୁ ଖସିଆସୁ
ପତାକା ତା' ମୁଠାକୁ; ଯନ୍ତ୍ରଣାକୁ, ଅସୁସ୍ଥ ପବନକୁ
ପି' ପକାଉଥିଲା କିଆଁ ଆଞ୍ଜୁଳା ଆଞ୍ଜୁଳା,
କିଆଁ ବାତରାମି କାଢୁଥିଲା ଯଦି କିଏ କହେ :
"ତମେ ଜଣେ ସନ୍ନ୍ୟାସୀ ଦେବଦାସ !"
କିଆଁ ଘଣ୍ଟା ଘଣ୍ଟା ଚାହୁଁଥିଲା ଭାତହାଣ୍ଡିର
ଟକ୍‌ମକ୍ ପାଣିକୁ, ବାମ୍ଫକୁ; ରାତି ରାତି କିଆଁ
ପୋଷ୍ଟବାକ୍ସ ପରି ଉଜାଗର ରହୁଥିଲା ଷ୍ଟେସନରେ
କିଆଁ ଯୁ' କଷୁଥିଲା ଜୋକର ସାଙ୍ଗରେ;
ପ୍ରେମପତ୍ର ଲେଖୁଥିଲା ଗଦା ଗଦା ଝରା ପତ୍ରରେ !

ଏବେ ଈଶ୍ୱର,
ଈଶ୍ୱରଙ୍କ ବୋପା ଚଉଦ ପୁରୁଷ
ବାଘ ଦେଖିଲା ପରି ଭୟପା'ନ୍ତି ମୋତେ,
ଦେବଦାସର ହାଡ଼ ଆଉ ରକ୍ତରେ
ମୁଁ ଚୁପ୍, ପଟେ ତାସ୍
ଏକ ଈଶ୍ୱରୀୟ କ୍ଷତ,
କାଚର ଦେବଦାସ ।

ନାରସେନା

ଦେଖିଚ ?
ଦେଖିଚ କୌଣସି ଦିନ ଶୁଖିଲା ବିତିଚି
ଯୋଉଦିନ ମୁଁ ନ ଖେଳିଚି ଚେସ୍
ସୂର୍ଯ୍ୟ ସହ ଘଣ୍ଟା ସହ ଛାଇ ସହ ଜୋକର ସହ
ଖେଳୁ ଖେଳୁ ମନେ ନ ପକେଇଚି
ନାରସେନାର ଜିଦ୍‌ଖୋର ମୁହଁ ଆଖି ପାଦ
ଯା' ଅନ୍ଧାରରେ ରେସ୍‌କୋର୍ସରେ କଣ୍ଟାବଣରେ ମଚ୍ ମଚ୍
ଯା' ବାଗାନ୍‌ରେ ଖାଦାନ୍‌ରେ ଖାନ୍ ନଗରରେ ଚକ୍ ଚକ୍ ।

ଏକଥା ସତ
ନାରସେନାର ନ ଥିଲା ଜାତକ ଫଟୋ ଡାଏରୀ
ସାର୍ଟିଫିକେଟ୍, ବ୍ୟାଙ୍କ ବାଲାନ୍ସ, କଲମ, ଚଟି,
ଥିଲା ଗୋଟେ ପୋଡ଼ା ଓଠ ନୁଆଁଣିଆ ତାଟିଚାଳ,
ମୂଷା ଉଇହୁଙ୍କା ମହୁଫେଣା ଅଳନ୍ଧୁର ସହର
ଯୋଉଠି ଡେଇଁ ପାରନ୍ତି ବିଲୁଆଙ୍କ ସହ ଗ୍ରହ ଓ ନକ୍ଷତ୍ର ।

ଆହା, ଏଇ ଏଇତ ଦିନେ ଗାଁ ଦୋ'ମେଳରେ
ଛାତି ପତେଇ ଡାକିଥିଲା ଆସ, ପହିଲେ ମୋତେ ମାର
ଏଇ ତ ଦିନେ ପଟି ପକେଇଥିଲା ନିଜ ଚମଡ଼ା ଉତାରି
ଫୁଲଙ୍କ ପୋଡ଼ା ପିଠିରେ ଗୁଡ଼ିର ଫଟା ଛାତିରେ
ବନମାଟି ଗୋବରରେ ଲିପି ପକେଇଥିଲା
ମା ଭଗବତୀଙ୍କ ଚଉତରା ଭାଗବତ ଘର
ରକ୍ତ ଠୋପା ଦେଇ ବଞ୍ଚେଇଥିଲା କ୍ଷେତ, ଆକାଶ
ଜମିଦାରଙ୍କ ସବା ସାନ ଝିଅର ନିର୍ମଳ ଇଜ୍ଜତ ।

ଯେ' ଯୁଠି ଅବଶ୍ୟ ଖୋଜେ ନାରସେନାକୁ, ପାଏ
ଯୁ'ଠି ଯେତେବେଳେ ଯା' ଦର୍କାର, କହିପାରେ
ନିଆଁରେ ଡେଇଁବାର ଅଛି ତ ଡାକ, ନାରସେନା
ନର୍କରେ ରିଲିଫ୍ ବାଣ୍ଟିବାର ଅଛି ତ ଡାକ, ନାରସେନା
ମାଦଳକୁ ଆଲପସ୍ ଡେଇଁବାର ଅଛି ତ ଡାକ, ନାରସେନା
ଲୁହରେ ହସି ହସି ବେଦମ୍ ହବାର ଅଛି ତ ଡାକ, ନାରସେନା !!

ଅଥଚ ନିର୍ଘାତ ଚୁପ୍ ଏଇ ନାରସେନା
କଥା ନାଇଁ ଗୁଁ ଗାଁ ନାଇଁ ହଲାପାଟି କିଛି ନାଇଁ
ମୁହଁ ପୋତି କଣ କରୁଥାଏ ତ କରୁଥାଏ
କେବେ ମାତିଥାଏ ପୋଷ୍ଟବାକ୍ସ ଟେଲିଫୋନଙ୍କୁ ରଙ୍ଗେଇବାରେ
ତ କେବେ ସଜଉଥାଏ ରାସ୍ତା ବଗିଚା କ୍ୟାଲେଣ୍ଡର
କେବେ ସମୟ ପାଇଲା ତ ପତ୍ରରେ ପବନରେ
ଘଣ୍ଟା ଘଣ୍ଟା ନିରବ ଚିତ୍ରକର ।

ଦିନେ ବଡ଼ି ଭୋରରୁ କା' ନ କହୁଣୁ ସୂର୍ଯ୍ୟ
ବାହାରି ପଡ଼ିଲା ଓହଳେଇ ଧଳା ସୁଟ୍‌କେଶ
କହିଲା ଯିଏ ପଚାରିଲା, ଯାଉଚି ପଥର ପାଇଁ
ସବୁ ଗାଁ ଓ ସହର ଏଣିକି ହେବ ପଥରରେ
ପୃଥ୍ୱୀ ରହିବ ମେଘନାଦ ବେଢ଼ାରେ
ପଶି ପାରିବ ନାଇଁ ମଇଁଷି ପେଚା କି ସମୁଦ୍ର
ଆସିବ ନାଇଁ ବନ୍ୟା ବତାସ ମଡ଼କ ।

ଏମିତି
ଗଲା ଯେ ଗଲା କେତେ ମନ୍ୱନ୍ତର
ମାଠିଆ ସବୁ ଭାଙ୍ଗି ହୋଇଗଲେ ମାଟି
ମାଟି କେତେ ବି ତିଆରି କଲା ମାଠିଆ, ସୁରେଇ
ଦିନେ ପାହାଡ଼ ଅଣ୍ଟାରେ ଦେଖେଇଲା ରିପ୍‌ଭ୍ୟାନ ଉଇଙ୍କଲ୍
ଦୂର ବଗିଚାର ମଶାଣିର ଠୋ' ଠୋ କାନ୍ଦ
ନଈ ଆଉ ବସ୍ତିର ଉଲଗ୍ନ କଙ୍କାଳ

ଝିଅଟିଏ ଗୋଟେଇବାର ପକ୍ଷୀଙ୍କର ହାଡ଼;
ଆଶ୍ଚର୍ଯ୍ୟ ନାରସେନା ଉଠିଲା, ଟେକି ହେଲା ଫଟାଫଟ୍
ପଚାରିଲା କିଏ ତମେ କୁଆଡ଼େ ଈଶ୍ୱର ??

ନାରସେନା ଦେଖିଲା ହାଲ ହୈକତ ରତୁଙ୍କର
କି ଅଜବ ! ଝିଅଟା ବି ବଢ଼େଇଦେଲା ହାତ
ଦୁଇଟି ଅଗ୍ନିବିନ୍ଦୁ ଚାହୁଁ ଚାହୁଁ ଦିଶିଲା ସଚରାଚର
ଦୁଲ୍‌କି ଗଲା ତ୍ରିଭୁବନ ଦଶଦିଗ ଅତଳ ପାତାଳ
ଈଶ୍ୱର ଫୁସୁଲେଇଲେ କୃଷକ ବେଶରେ
ନାରସେନା, ଶୁଣ, ଏଇ ନିଅ ମୟୁର ସିଂହାସନ
ଅର୍ଜୁନ ଦୌଡ଼ି ଦୌଡ଼ି ଯାଚିଲା ଅକ୍ଷର ତୂଣୀର
ମାଟି ଛଳ ଛଳ, ଏଇ ନିଅ ସ୍ୱର୍ଣ୍ଣ ଲକ୍ଷେ ଭାର !

ସବୁକୁ ଛାଟି ତେଢ଼ି ଏକରକମ ଦୌଡ଼ି ଦୌଡ଼ି
ପହଞ୍ଚିଲା ଭାବିଲା ତା'ର ଗାଁ, ଭାଇ ଯୋଉଠି
କିଛି ହିଁ ନଥିଲା କେବଳ ସନ୍ଦେହ, ଦୀର୍ଘଶ୍ୱାସ
ଯେତେ କହିଲେ ବି ମୁଁ ନାରସେନା, ଏଇ ଗାଁର
ଯେତେ ଦେଖେଇଲେ ବି ଛାତି ଚିରି ମାନଚିତ୍ର
କେହି ପଦେ ଡାକିଲେ ନାଇଁ ଆ', ଚର୍ଚ୍ଚା ତ ଦୂର ।

ତା'ପରେ କେହି ଜାଣନ୍ତି ନାଇଁ ଘଟିଲା କ'ଣ
କୁଆଡ଼େ ଗଲା ସୁଜାତା, ନାରସେନା
କେବଳ ପଦାରେ ଗୁମ୍‌ଗୁମ୍ ସ୍ୱରଟିଏ ପହଁରୁଥାଏ
କେବଳ ଝଲମଲ ଶବ୍ଦଟିଏ ଗୁରୁଣ୍ଡୁଥାଏ
ଭ୍ରୂଣ ପରି ମୋରି ଭିତରେ
କେବଳ, କେବଳ ପାଦଶବ୍ଦ ଗୁମୁରୁ ଗୁମୁରୁଥାଏ !!

■

କାଉଲ

ଶୁଣିଚ ?
ଶୁଣିଚ, ଫେରଆସୁଚି କାଉଲ !
ପବନ ଥମ ଥମ, ଆକାଶ ଥମ ଥମ, ନଦୀ ଥମ ଥମ
ମହମହ ସମୟ ମହମହ ମହାନଦୀ କୂଳ
ସାବ୍‌ଜା ସୁରା ପିଇ କ୍ଷେତ ମାତାଲ ଜହ୍ନ ମାତାଲ
ପ୍ରଜାପତି ମାତାଲ, ମାତାଲ ମୟୂର ଓ ବାଦଲ ।

କାଉଲ ଥିଲା ଅଦ୍ଭୁତ ଅଦ୍ଭୁତ :
ପ୍ରଶ୍ନଟିଏ କଲେ ମୁଣ୍ଡ ପୋତି ମୂର୍ଖ ଛାତ୍ରପରି
ଗାଲ କୁଣ୍ଡାଏ କାଉଲ, ଉତ୍ତରଟିଏ ମାଗିବସିଲେ
ଥୋଡ଼ ଘଷେ କାଉଲ, ରତ୍ନଟିଏ ଚାହିଁଲେ କାନ୍ଥରେ
ଆଖି ପିଟି ଦିଏ କାଉଲ, ସ୍ୱପ୍ନଟିଏ ମାଗିବସିଲେ କୋର୍ଟର
ଛିଣ୍ଡେଇଦିଏ ବୋତାମ ଓ ଉଁ ଚୁଁ ନକରି
ଚାବି ସରି ଆସୁଥିବା ଖେଳନା ପରି ଚୌକାଠ ଡେଇଁଯାଏ କାଉଲ ।

ଦିନ ଥିଲା : ଉଠୁ ଉଠୁ ଦର୍କାର
ଗୋଟେ ସଜ ଗୋଲାପ, ଉଠୁ ଉଠୁ ଦର୍କାର
କପେ ଗରମ୍ ଗରମ୍ କଫି, ବସୁ ବସୁ ଦର୍କାର
ତାସ୍ ପ୍ୟାକେଟ୍, ଟେପ୍ ରେକର୍ଡ଼ର ସିଗାର୍

ଚାଲୁ ଚାଲୁ ଦର୍କାର ଗୋଟେ ବଂଶୀ ଅଥବା ତୁଳୀ
କଲମ କାଗଜ ଚଉଷଠି ମସଲା ପାନବାହାର
ନୂଆ ନୂଆ ରାତି ନୂଆ ନୂଆ ଝର୍ଣା ନୂଆ ନୂଆ ଗଳି ।

ଦିନେ ଦେଖାଗଲା କାଉଲ, ଗାଏବ୍ – !
ପୋଲିସରେ ଏତଲା ଦିଆଗଲା, ଖବର ପଠାଗଲା
ସବୁ ଅରଣ୍ୟକୁ, କ୍ଲବକୁ, ବେଶ୍ୟାପଡ଼ାକୁ, ଜୁଆ ଆଡ୍ଡାକୁ
ଚିଠି ପଠାଗଲା ପ୍ୟାରିସ୍ ରୋମ୍ ଇଂଲଣ୍ଡ ଆମେରିକା ପାକିସ୍ଥାନ
'ଟାଇମସ୍'ରେ 'ଲାଇଫ୍'ରେ ଛପାଗଲା ଫଟୋସହ ବିଜ୍ଞାପନ
ପୃଥିବୀର ସବୁ କବି, ସବୁ ଗୋଇନ୍ଦା ସମୁଦ୍ର ମନ୍ଥିଲେ
ସମ୍ବାଦ ବି ମିଳିଲା : କାଉଲର ଖାସ୍ କାମେରାରୁ ମିଳିଚି
ଗୋଟାଏ ନିବ୍ ନଥିବା କଲମ, ଲେସ୍ ନଥିବା ଜୋତାହଳ
ମୁଣ୍ଡ ନ ଥିବା ଫଟୋଗ୍ରାଫ୍, ବୋତାମ ନଥିବା ସାର୍ଟ ଟ୍ରାଉଜର
ଓ କିଛି ଗୋପନରେ ଥିବା ଭିତରେ :
ମୂଷାଖିଆ ଟୋପି, ଫାଙ୍କା ଆଲବମ୍ ଅଧାଟଣା ଚୁରୁଟ
ତୁଳା କଣ୍ଢେଇ ଓ ପଞ୍ଚସ୍ତରୀ ଭାଗ ପୋଡ଼ିଥିବା ମୋମ୍‌ବତୀ ଗୋଟେ ।

କେତେ କେତେ କଥା ଶୁଣା ଗଲା :
କିଏ କହିଲା କାଉଲକୁ ମୁଁ କଲିକତାରେ ଭେଟିଚି
କିଏ କହିଲା ମୋ ଝିଅ ଫୋନ୍‌ରେ ଗପୁଥିଲା
କିଏ କହିଲା ମଲା କଲିଜା କାମଳ ମେଘ ଦୀର୍ଘଶ୍ୱାସଙ୍କ ସହ
ସନ୍ଧି ପାଇଁ କାଉଲ ଯାଇଚି କଳାହାଣ୍ଡି, ଇଥିଓପିଆ
କିଏ କହିଲା କେବେଠୁ ତାର ମଥା ଠିକ୍ ନଥିଲା
ହର୍ଦ୍ଦମ ଗଜ ଗଜ ଫୁଟନ୍ତା ଭାତ ହାଣ୍ଡି ପରି ଦର୍ପଣ ସାମ୍ନାରେ :
କ'ଣ ହେଇଚି ତୋର କାଉଲ !
ଏଇ ଦେଖ୍ ମୁଁ କେମିତି ହସ ହସ ଅଥଚ
ସିଜୁବୁଦା ପରି ରାସ୍ତାରେ ତୁ ଏକୁଟିଆ, ବର୍ଷାରେ ଛିନ୍‌ଛତ୍ର
ଯେମିତି ଦିନ ଦି'ପହରେ ଗୋଟାଏ ପାଳଭୂତ !!

କୌଣସି ଦିନ କେହି ଯଦିଓ କହିନି ସାମ୍ନାସାମ୍ନି :
କାଉଲ, କଣ ପାଇଁ ତୁ ରକ୍ତ ପିଉଛୁ, ଝିଅ ବୋହୁଙ୍କ ଉପରେ
ଆଖି ପକଉଛୁ, ଧୂଆଁକୁ ମୁଠେଇ ରଖିବା ବାହାନାରେ
ସିଗାର ପରେ ସିଗାର ଭିଡୁଛୁ, କଥା ନ ଥାଇ ଏପ୍ରିଲ ସହ
ଯୁକ୍ତି କରୁଛୁ, ଶୂନ୍ୟକୁ ଚାହିଁ ଚାହିଁ କାହାକୁ ଫଜିତ୍ କରୁଛୁ,
ଷ୍ଟଲରୁ ବହି ଗୁଡ଼ାକ ଆଣି ନିଆଁ ଲଗେଇ ପୋଡୁଛୁ, କବିତା ଲେଖି
ବାର୍‌ରେ ଫୋପାଡ଼ି ଆସୁଛୁ - କଣ ପାଇଁ, କଣ ପାଇଁ ଏସବୁ ??

କାଉଲ ଚୁପ୍ ପୃଥିବୀ ଚୁପ୍, ମୁଁ ଖାଲି ହାଉହାଉ:
କାଉଲ ଆଦୌଁ କବି ନୁହଁ, କି ସଞ୍ଜ କି ସକାଳ
କବି ହେଇଥିଲେ ତ କୋଉଠିନା କୋଉଠି ଫୁଲ ଫୁଟନ୍ତା
କାଉଲ ନଦୀ ନୁହଁ, କି ସଞ୍ଜ କି ସକାଳ
ନଦୀ ହେଇଥିଲେ ତ କୋଉଠି ନା କୋଉଠି ହସ ଶୁଭନ୍ତା
କାଉଲ ପକ୍ଷୀ ନୁହଁ, କି ସଞ୍ଜ କି ସକାଳ
ପକ୍ଷୀ ହେଇଥିଲେ ତ କୋଉଠି ନା କୋଉଠି ବସାଟିଏ ଥାନ୍ତା
କାଉଲ ଫୁଲ ନୁହଁ, କି ସଞ୍ଜ କି ସକାଳ
ଫୁଲ ହେଇଥିଲେ ତ କୋଉଠି ନା କୋଉଠି କେତେ ଶବ୍ଦ
ନିରବରେ ବାହୁନା ପକଉଥାନ୍ତେ
କାଉଲ ସନ୍ନ୍ୟାସୀ ନୁହଁ, କି ସଞ୍ଜ କି ସକାଳ
ସନ୍ନ୍ୟାସୀ ହେଇଥିଲେ ତ କୋଉଠି ନା କୋଉଠି ହୁଙ୍କାଟିଏ ଦିଶନ୍ତା
କାଉଲ ସମ୍ରାଟ ନୁହଁ, କି ସଞ୍ଜ କି ସକାଳ
ସମ୍ରାଟ ହେଇଥିଲେ ତ କୋଉଠି ନା କୋଉଠି ହସ ଶୁଣାଯାନ୍ତା;
ଅଥଚ କି ସଞ୍ଜ କି ସକାଳ
କ୍ଷେତରେ ରକ୍ତରେ ଅଗଣାରେ ବାୟା ପରି ଘୂରୁଥାଏ କାଉଲ
ସଂସାରସ୍ଥ ଜୀବନସ୍ଥ ପ୍ରେମସ୍ଥ ହେଇ, ପବନକୁ କରି ହୁଲସ୍ଥୁଲ୍ ।

ଯାହେଉ, କାଉଲ ପାଇଁ ମୁଁ ସର୍ବାଗ୍ରେ ତିଆର୍
ତିଆର୍ ମୋ ଘର-ଦ୍ୱାର, ହାନି ଲାଭ
ତିଆର୍ ବଡ଼ଦାଣ୍ଡରେ ତୋରଣ, ନାଗଫେଣୀରେ

ରକ୍ତର ଜମ୍ବୁରାରେ, ପେଳୁଆ ହସର ଲିଚୁମାଳରେ ଚକ୍‌ଚକ୍;
ଆକାଶ ତମାମ୍ ପୃଥିବୀ ତମାମ୍ ସମୁଦ୍ର ତମାମ୍
ରାସ୍ତାଘାଟ ମଶାଣି ପଡ଼ିଆ ପଞ୍ଜୁରି ସବୁ ପରିଷ୍କାର
କାଉଲକୁ ପାଛୋଟିବା ପାଇଁ ତିଆର୍
ସବୁ ଏକରକମ ଫିଟ୍‌ଫାଟ୍, ସବୁ ଖାଡ଼ା ଉଜାଗର ।

ସେତିକି ବେଳେ ଯେମିତି ଖସ୍ ଖସ୍ କରି କିଏ ଜଣେ କହେ ଭିତରେ:
ମୁଁ ହିଁ କାଉଲ, ମୁଁ ହିଁ ଠିଆ ମୋ'ରି ପାଇଁ କ୍ୟାମେରା ସାମ୍ନାରେ ॥

■

ଅନୁନାନୀ

ଏ ବର୍ଷର ସବୁଠୁ ବଡ଼ ଘଟଣା (ନା ଦୁର୍ଘଟଣା ?)
ନାନୀଙ୍କ ଆଖି ଅପରେସନ୍
ମୋ ଚାକିରୀ, ନୂଆ ଡ୍ରେସ
ଓ ସ୍କୁଟର ମୁହଁରେ ସମ୍ପର୍କର ମୃତ୍ୟୁ ।

ସକାଳଟାରୁ ଖବର ଦେଇଗଲା ସୂର୍ଯ୍ୟ
ନାଗୁଆ ରିକ୍ସାବାଲା ହାତରେ,
ଦି' ଦିନ ଆଗରୁ ନାନୀ କାଳେ ଛାଡ଼ିଥିଲେ ଖାଇବା
ଦି' ଦିନ ଆଗରୁ ଫିସ୍ ଦିଆ ସରିଥିଲା ଡାକ୍ତରଙ୍କୁ
ସାଲାଇନ୍ ଆନାସ୍ଥେସିଆ ବାବତରେ କିଛି ଅଧିକା ।

ଏଇ ଅନୁନାନୀ
ପିଲାଙ୍କୁ ଜହ୍ନ ଦେଖଉଥିଲେ ଅମାବାସ୍ୟାରେ
ପୁରାଣ ପଢ଼ି ଶୁଣଉଥିଲେ ସାହି ମାଇପଙ୍କୁ, ଅନ୍ଧାରକୁ
ଜାଣିପାରୁଥିଲେ ସତୁରି ବର୍ଷ ବୟସର କରାମତି
ଜାଣି ପାରୁଥିଲେ ତାସ୍‌ରେ ନାଲିପାନ ଟିକା, କ୍ୟାରମ୍‌ରେ କୁଇନ୍
କାନ୍ଥରେ ବଢ଼ି ଯାଉଥିବା ଗଛର ଅଦଉତି ।

ତାଙ୍କର ଭାରି ଇଛା
ପିଲାଏ ପହଁରନ୍ତେ ନଦୀ ସମୁଦ୍ର ଆକାଶରେ
ଚିଠି ଦେଣ୍‌ନେଣ୍ ଚାଲନ୍ତା ବିଦେଶୀ ପକ୍ଷୀଙ୍କ ସହ
ବର୍ଣ୍ଣ ବର୍ଣ୍ଣର ଜାତି ଜାତିକା ଫୁଲରେ ମଂଡାଯାନ୍ତା ବଗିଚା ଓ ଘର
ଟେଲିଫୋନ୍ ଓ ପୋଷ୍ଟ ପିଅନ୍ ଦୌଡ଼ୁଥାନ୍ତେ ଅନବରତ !

ଘଟଣା (ନା ଦୁର୍ଘଟଣା ?) କ୍ରମେ
ନାନୀ ହେଇଗଲେ କିମ୍ବଦନ୍ତୀ ବିନାକାରଣରେ
କେହି ଜଣେ କହିଲା, ଆଖି ଦି'ଟା ତାଙ୍କର ଶେଷ ଆଖି ଏ
(ହୁଏତ, ୟା' ସତ ଏବଂ କାରଣ ବି ହେଇପାରେ)
ଯୋଉଥିପାଇଁ ମାର୍କେଟ୍‌ରେ ହେଲା ଖୁଣ୍, ଝମେଲା
କବି କେଇଟା ଫନ୍ତୁଆ ହେଇଗଲେ, ବୁଲିଲେ ଗାଁ ଗଣ୍ଡା
କେଇଟା କାଉ ହଠାତ୍ ଶହୀଦ୍ ହୋଇଗଲେ
ସିନେମା ହଲ୍‌ରେ ଟିକେଟ୍ ହେଲା ବ୍ଲାକ୍, ସମୁଦ୍ରରୁ ଗୀତଗାଇ
ମାଛମାନେ କୂଳରେ ଲାଗିଲେ !

ମୁଁ ଅବଶ୍ୟ କ୍ୟୁ'ର ଶେଷରେ ଠିଆ
ଅବଶ୍ୟ ମୋର ମନେ ହେଲା ମୁଁ ଇ ପ୍ରଥମ
ଉତ୍ତରାଧିକାରୀ ସୂତ୍ରେ ପିନ୍ଧିବାକୁ ନାନୀଙ୍କର ଆଖି, ଚଷମା ।

■

ଚୌକିଦାର

ଚାବି ଖୋଲି
ହଜୁର୍, ଆସନ୍ତୁ ଏଇ ଘର, କହେ
ଯା'ଯା ଦର୍କାର ଫଟାଫଟ୍ ପହଞ୍ଚାଏ
ସିଗ୍ରେଟ୍‌ଠୁ କଲମ
ବ୍ରା'ଠୁ ବ୍ରାଣ୍ଡି ଯାଁ ସଜାଡ଼ି ଦିଏ ।

ରାମରାଜ୍ୟ ଗେଷ୍ଟ୍ ହାଉସ୍‌ର
ଏକ ଚାଟିଆ ମାଲିକ ଏଇ
ରାମଦାସ ଚୌକିଦାର ।

ଝଡ଼ବେଳେ
ପକ୍ଷୀଏ, ପ୍ରଜାପତିଏ ଡାକନ୍ତି - ଯାଏ
ଖରାରେ ତରାରେ
ପହଞ୍ଚନ୍ତି ମାତାଲ୍ ମୁସାଫିର୍‌ମାନେ
କେତେ କେବେ ଅଫିସରଙ୍କ ମିଛ ପୁଅଙ୍କୁ ଦିଏ
ବରଫ, କୋକାକୋଲା ବା ପେଟ୍ରୋଲ୍ ଟିଣେ ।

କୁ'ଣସିଟାକୁ ତାର ଦକ ନଥାଏ
ଛକ ପକ ହଏନା ଛାତି ପହଞ୍ଚିଲେ ବି
କାର୍ ପରେ କାର୍, ଟୋପି କି ଆତଙ୍କବାଦୀ
କା'କୁ ତାର ପରୁଆ ନଥାଏ

ଘଣ୍ଟା ବର୍ଷା ଦୁର୍ବାସା କି ଶୀତ
ଯୀଶୁ ମହାବୀର ମହମ୍ମଦ ବା ବୁଦ୍ଧ
ସମସ୍ତଙ୍କୁ ପାଛୋଟି ନିଏ ଦି'ହାତ ଖୋଲି
ଆଲେକଜାଣ୍ଡାର୍ ପୁରୁ କି ଗୋର୍ବାଚୋଭ ।

ସେ ଦିନ କିନ୍ତୁ କେହି ନଥିଲେ
ରାତି ସରିବା ସରିବା
ଶୁଭିଲା ଦୂରରୁ ବାଜା ଗୀତ ବ୍ୟାଣ୍ଡ ପାର୍ଟି
ରାମଦାସ ମୋଡ଼ିଲା ଚାବି
ଖେଦିଲା ଘରକୁ ଘର, କିଛି କା'କୁ ନ କହି
ଖୋଜିଲା କ'ଣ ର୍ୟାକ୍ ଆଲମିରା ତଳ, ଖଟ କଣ, ଭାଡ଼ି
ବାହାରି ପଡ଼ିଲା ଖାଲି ହାତ, କିଛି ବି ନ ନେଇ !

ଫେରାର୍ ହବାର କାହିଁ କେତେ ବର୍ଷ ପରେ
ଏବେ, କେବେ କେବେ ଯେବେ ଛାଇଯାଏ
ଜହ୍ନରାତିର କୁହୁଡ଼ି
ଲୋକେ କହନ୍ତି : ଗେଷ୍ଟ ହାଉସ୍ ସୁରକ୍ଷିତ,
ରାମ ଦାସ ଘୂରୁଚି !!

■

ମାଗୁଣି

ଗୋଟେ ଖାସ୍ କଥା ଜାଣିଚ ?
ଜାଣିଚ, ମାଗୁଣି ନିତି
ଆକାଶରୁ ପକେଇବ ଟର୍ଚ୍ଚ
ଏଣିକି ରାସ୍ତାମାନଙ୍କୁ କରେଇବ ସୁସ୍ଥ ସବଳ ??
ମୁଁ ବେଫିକର, ବେଫିକର୍ ସମୟ
ବେଫିକର୍ ପୃଥିବୀର ଏଲୋରୀୟ କଙ୍କାଳ ।

ନ ଜାଣିବା ଲୋକ କିଛିଟା ଆଶ୍ଚର୍ଯ୍ୟ
ଆଶ୍ଚର୍ଯ୍ୟରେ ଛଟପଟ ସନ୍ତାପ, ମଇଁଷି ଅନ୍ଧାର
ଆଶ୍ଚର୍ଯ୍ୟରେ ଫାଟିପଡ଼େ ବରଫ, ସମୁଦ୍ର
ଆଶ୍ଚର୍ଯ୍ୟରେ ଘଣ୍ଟା ପରି ଦୁମ୍ ଦୁମ୍ ଉଇହୁଙ୍କା, ରେଡିଓ
ସବୁଠି ମାଗୁଣି ଖେଳିଯାଇଚି ନିଆଁ ଝୁଲ ପରି
ରକ୍ତରେ ମେଘ ପୁଞ୍ଜରେ ଅରଣ୍ୟରେ ଖଣିରେ
ପାର୍ଲିଆମେଣ୍ଟରେ ଶୋକ ସଭାରେ କ୍ଷେତରେ ହୈଚୈ
ଗୋଟେ ଫାଲତୁ ହୋ' ହଲ୍ଲା, ଗୋଟେ ଶୁଖିଲା ଗୁଜବ
ମାଗୁଣି କାଲେ ଉଇଙ୍କୁ ମହମବତୀଙ୍କୁ
ଗିଳି ପକାଏ ଟକ୍ ଟକ୍ ସଜ ମାଛଭଜା ପରି
ପଦକେ ଚୁପ୍ କରିଦିଏ ସାପଙ୍କୁ ବର୍ଷାକୁ ବିସ୍ଫୋରଣକୁ
ହ୍ୱିସିଲ୍ ଲଗେଇ ଲଗେଇ ଚମ୍ପୁ ଶୁଣାଏ ନକ୍ଷତ୍ରମାନଙ୍କୁ
ଯୋଉମାନେ ମୋଟେ ବାହାରନ୍ତି ନାଇଁ ବଜାରକୁ ।

ଯଦିଓ ମାଗୁଣି ଥିଲା ଫାଙ୍କାଫାଙ୍କା ଦି' ପହର
ନା ଚପଲ ନା ଟ୍ରାଉଜର ନା ସାର୍ଟିଫିକେଟ୍ ବୋତଲ

ଖାଲି ଗୋଟେ ଖଦଡ଼ ଗାଞ୍ଜିଆ ବଟୁଆ ପାଞ୍ଚଣ
ଗୋଟେ ଲାଲ୍ ଫତେଇ ଖୋର୍ଦ୍ଧା ଗାମୁଛା ବିଡ଼ି ଦିଆସିଲ୍
ଯା' ସହ କାଳେ ବିତିଥିଲା ତା ତମାମ୍ ଜୀବନ !

ଯୁ'ମାନେ ମାଗୁଣିର ଖାସ୍‌ଲୋକ ପଡ଼ିଶା ପାଖ
ମାଟି ଗୋଡ଼ି ଘାସ ପକ୍ଷୀ କୁକୁର ମହୁମାଛି ମଶା
ହେଷ୍ଟନ୍ତି : ମାଗୁଣି ଭାରି ଚୁପ୍‌ଲୋକ,
'ବସ୍' କହିଲେ ବସିଥିବ ଚେକାମାଡ଼ି ନ କହିଲା ଯାଁ
'ଉଠ୍' କହିଲେ ଚାହିଁବ, 'ଚୁପ୍' କହିଲେ ଚୁପ୍, ମୁହଁରେ ତାଲା ।

ଅଥଚ କେହି କୁଆଡ଼େ ନ ଥିଲାବେଳେ ମାଗୁଣି
ମୂଷାମାନଙ୍କୁ ପଞ୍ଜୁରିରେ ଖେଳାଏ, ଶୁଖିଲା ଆଖି
ହୃତ୍‌ପିଣ୍ଡ ଓଠ ଓଳେଇ ଆଣେ ଟୋକେଇ ଟୋକେଇ
ଗାଞ୍ଜିଆରେ ସାଇତି ରଖେ ମହଣ ମହଣ ସ୍ୱପ୍ନ
ଚନ୍ଦନ ବଣରେ ସାପଙ୍କ ପରି କିଛି ଉତ୍ତାପ
ଅଣ୍ଟା ଖୋସାରେ ନାସଦାନୀରେ କିଛି ଭବିଷ୍ୟତ ।

ଯା ବାଦ୍ ଗୋଟେ ଭିତିରି କଥା :
ମାଗୁଣିର କାଳେ ପୋଷାଥିଲା ଗୋଟେ ଧଳା କୋଇଲି
ଯା' ଉପରେ ସବାର ହେଇପାରୁଥିଲା ଯୋଜନ ଯୋଜନ
ମରୁଭୂଇଁରେ ବସଇେ ପାରୁଥିଲା
ଗୋଲାପ ମଲ୍ଲୀ ଟଗରର ନଳକୂପ,
ଦେଖୁଥିଲା ମଶାଣି ପାହାଡ଼ ମଣିଷ ପର୍ବତ ପତଙ୍ଗ
ଯୋଉମାନେ ଶୀତ ନଥିଲାବେଳେ ଥରଥର
ଘାଟୀରେ ଚଢୁଥିବା ଓ.ଆର.ଟି. ବସ୍ ପରି କମ୍ପ କମ୍ପ !
ଏମିତି ବି କିଛି ଜଣା ନଥିଲା ଆଉ ଯା'କୁ ମାଗୁଣି ନପ୍ରେମେ :
କଢ଼ କଣ୍ଟା କାଉ କୃଷ୍ଣ କମାର ତା' ନିଜର
ସବୁ ନଈ ନାଳ ବସ୍ତି ସହର ଛକରେ ଚିତ୍ରପଟ !
ସବୁଠି ସେ ଗଜେଇଥାଏ ନିରବରେ, ଗଜୁରିଥାଏ
ସବୁଠି ମାତିଥାଏ ନିରବରେ ବୁଢ଼ିଆଣୀ ପରି ।

ଏମିତି ବି କଥା ହଉ ହଉ ବେଳେ ବେଳେ ମାଗୁଣି ଫିସ୍ ଫିସ୍ :
କେମିତି ତା ମଞ୍ଜିଆ ଦିହରେ ଦୌଡୁଥାଏ ଗୋଲାପି ଗୁଣ୍ଡୁଚି
କେମିତି ତା ଭିତରେ ଭୋକ ପରି ହୋ ହୋ ବିଶ୍ୱସ୍ତ ଦୁଃଖ
ଓ ଶିଶିର ବିନ୍ଦୁପରି ଖରାର ଚକ୍‌ଚକ୍ ପୁଣ୍ୟ ଆଉ ସୁଖ
କେମିତି ହାଡ଼ରେ ଘାସ-ଗୋଡ଼ରେ ଅଙ୍ଗାର-ପେଟରେ ଲହଲହ
ସୈତାନ ଓ ତାର ଅନୁଚର ବର୍ଗ !

କେବେ କେବେ ମାଗୁଣି ଥାପୁଡ଼ାଏ ନିଜକୁ :
ତୁ ହୁସିଆର ହ' ବେଟା ହୁସିଆର ର
ପବନକୁ ତୁଠକୁ ପାଟିକୁ ପାପକୁ ଟିପେ ଟିପେ ଜଗିଥା
କେହି ଯେମିତି ଫାଙ୍କି ନ ଦିଏ, କେହି ଯେମିତି
ଛୁଙ୍କ ନ ଲଗାଏ ଚିତା ନକାଟେ, କେହି ଯେମିତି
ତୋ ସାଇତା ବୁଜୁଳିରେ ନ ଲଗାଏ ନିଉଛଣା ହାତ,
ଯୋଉଥିରେ ବନ୍ଧା ପୃଥିବୀର ତାଳପତ୍ର ଜାତକ
ତୋ ସଫେଦ୍ ଆତ୍ମାର ଖାନ୍‌ଦାନ୍ ବୁନିଆଦ ।

ଏମିତି ଏମିତି ଅନେକ ଆଦତ୍, ସଉକ୍ ମାଗୁଣିର
ମୋତେ କରିଦିଏ ଛଳ ଛଳ ଗଦଗଦ ପ୍ରେମମୟ ରତ୍ନମୟ
ଯୋଉଥିପାଇଁ ମୁଁ ମେଲେଇ ଦେଖେ ତା' ଟିପା ଖାତା
ତା ଗୋପନ କନ୍‌ଫେସନ୍ :
ମାଗୁଣି କା ବୋପାର ଖାଏନି କି ଧାରେନି
ଏକା ଏକା ମାଗୁଣି ଘୂରିବ ଇ ଘୂରିବ ହକର ପରି
ବୋଲିବ ଇ ବୋଲିବ ଗୀତ, ନାଆ ପେଲିବ ଇ ପେଲିବ
ଅଖ ଚକ ସବୁକୁ ସଜାଡ଼ିବ, ଘୋଡ଼ାମାନଙ୍କୁ ଲଗାମ୍
ମାଟିତଳୁ ଝିଙ୍କି ଆଣିବ ଇ ନିଦ୍ରିତ ଭବିଷ୍ୟତ, ଆଣିବ ।

ଅର୍ଥାତ୍, ମାଗୁଣି ବାହାନାରେ ମୁଁ ପତାକା ପରି ମାତାଲ୍
ଖୁସିରେ ତତଲା ଲୁହା ପରି ଲାଲେ ଲାଲ୍ ॥

■

ବିଶ୍ୱନାଥ

ଅବଶ୍ୟ
ବିଶ୍ୱନାଥକୁ ଚିହ୍ନିବା କିଛିକଷ୍ଟ ନୁହେଁ ।

ଗାଁ ଗହଳିରେ ଯୋଉଠି ପଚାର
ଲୋକେ କହିବେ : ବିଶ୍ୱନାଥଟା ବିଛୁଆତିଟେ
ରାତି ଅଧରେ ଲାସ୍ ଉଠେଇବାକୁ କାନ୍ଧ ପତାଏ
ଗର୍ଭପାତ କରେଇବାରେ ଅଣ୍ଟା ଟାଣେ
ହଳ କଲାବେଳେ ବିଡ଼ି ଭିଡ଼େ
ବାତାରାଙ୍କ ପରି ସବୁବେଳେ ହସୁଥାଏ
ଯେମିତି କି ଯା' ଛଡ଼ା ଆଉ କିଛି ଜାଣେନା ସିଏ !

ଯଦିଓ ବିଶ୍ୱନାଥ କାନ୍ଦେ
ଲୁଚେଇ ଛପେଇ ହିଡ଼ତଳ ଗେଣ୍ଡା ପରି,
କାନ୍ଦିଲା ବେଳେ ଯଦିଓ ସେ ଜଣାଯାଏ ହସ ହସ
ଯେତେବେଳେ ଖୁବ୍ ଅସହାୟ ସିଏ
ଝୁଲୁଥାଏ ଖିଏ ମାତ୍ର କୁଟାରେ
ଲୋକେ କହନ୍ତି, ଦେଖ ! କି ସୁନ୍ଦର
ଖେଳ ଜାଣେ ବିଶ୍ୱନାଥ,
ଝୁଲୁଅଛି ମୁଣ୍ଡତଳ ଓ ଊର୍ଦ୍ଧ୍ୱ ପାଦ !!

ଗାଁ ମାମଲାରେ ଫସିଗଲା ବିଶ୍ୱନାଥ
ବି.ଏ. ପାସ୍ ପରେ,
ଏନ୍.ଏମ୍.ଆର୍ ରହିଲା ଦଶ ପଲ୍ଲାରେ
ଗୋପନ ସମ୍ପର୍କ ବଢ଼ି ଉଠିଲା ତାର
ଦୁଃଖ ଆଉ ତାରାଙ୍କ ସାଙ୍ଗରେ ଯେ
ଲୋକେ ଭାବିଲେ
ବିଶ୍ୱନାଥ ସକାଳର ଫୁଲ ପରି ଝଡ଼ିପଡ଼ିବ ଅକାଳରେ ।

ଦିନେ ଅଥଚ
ବିଶ୍ୱନାଥ ଫୋଡ଼ିଲା ନିଜକୁ ଡାମ୍ପଣରେ
ବ୍ଲେଡ୍‌ରେ କାଟି ପକାଇଲା ପାପୁଲି
ସାର୍ଟ ପ୍ୟାଣ୍ଟକୁ ସାର୍ଟିଫିକେଟ୍ ପରି ଚିକ୍ ଚିକ୍
ଉଡ଼େଇଦେଲା ଆକାଶରେ,
ସୁବିଧା ମାତ୍ରେ ଖୋଲତାଡ଼୍ :
କେତେଦିନ ଏମ୍‌ତି ଚାଲିବ ବିଶ୍ୱନାଥ ? କେତେଦିନ ??

କେହି କେହି ବି ଖୋଲତାଡ଼୍ କରନ୍ତି ହାଟରେ ବାଟରେ,
କଣ ବିଶ୍ୱନାଥ ! ଦାଢ଼ିବାଲ ଛେଉନ କିଆଁ
ବା କିଆଁ ଆଜିକାଲି ସାବୁନ୍ ମିଳୁନାହିଁ ବଜାରରେ
ବା ଲଣ୍ଡ୍ରୀ ସବୁ ଷ୍ଟ୍ରାଇକ୍ କଲେ କିଆଁ ଏ ସମୟରେ !!
ବିଶ୍ୱନାଥ ନିଶରେ ଘୂରେଇ ଆଣେ ଟିପ
ପାପୁଲି ଚାପିଆଣେ ଥୋଡ଼ି ତଳକୁ, କହେ :
ଈଶ୍ୱରଙ୍କ ଦେହ ପା' ଭଲ ନାଇଁ ଆଦୁଁ
କିଛି ଔଷଧ ଦରକାର ଯେ' ଷ୍ଟୋର ବନ୍ଦ,
ରକ୍ତରେ ଅଭାବ ହିମୋଗ୍ଲୋବିନ୍
କବିଙ୍କର ଏ ଯାଏଁ ବସିନାଇଁ ସଭା କି ସେମିନାର୍
କୋଉ ଗାଁ କି ମଠ କି ପାର୍କରେ
ସବୁଠି ଚାଲିଚି ଗୋଟେ ଭାଣ୍ଡାମି, ଫାର୍ସ-ରୀତିମତ ଷଡ଼ଯନ୍ତ୍ର ।

ୟା' ସତ୍ତ୍ୱେ
ବିଶ୍ୱନାଥର ଇଛା ଥିଲା ବାଡ଼ ଭାଙ୍ଗିବା
ରକ୍ତକୁ ଯୋଖିବା ଆଉ ଏକ ଗାଢ଼ ସୂର୍ଯ୍ୟରେ,
ଗାମୁଛାକୁ ପାଞ୍ଜଣ ଅଗରେ ବାନ୍ଧି
କବିତା ବୋଲି ଢେଙ୍ଗୁରା ପିଟିବା ଓ କବିତାରେ
ଜୀବନ ଓ ଜୀବନ କବିତାରେ ବୋଲି
ସବୁଠି ଫୁଙ୍ଗୁଳା ଗୋଟେ ବିଜ୍ଞାପନ ଦେବା ।

ୟା' ପରେ ପରେ ଇ
ବିଶ୍ୱନାଥ ହେଇଗଲା ଫେରାର୍
ଗୁଜବ ଛୁଟିଲା : ବିଶ୍ୱନାଥ ପଳେଇଚି ରେଙ୍ଗୁନ୍
ସୁନା କାରବାର ଚଳେଇବ ଚୋରାରେ ଏଣିକି,
ଏଣିକି ଲଙ୍ଗଳ କଣ୍ଠିରେ ସାଇତିବନି ସ୍ୱପ୍ନ
କି ଋତୁଙ୍କୁ ଡାକିବ ନାଇଁ ସରଳ ମୃତ୍ୟୁରେ
ବିଶ୍ୱନାଥ ସବୁ ଶୁଣେ, ହସେ, କାନ୍ଦିପକାଏ ଡବ୍ ଡବ୍ ।

କାନ୍ଦିବା ଜୀବନ ବୋଲି କ'ଣ ଜାଣେ ବିଶ୍ୱନାଥ ?
ଯୋଉଥିପାଇଁ ଖୋଜା ପଡ଼ିଲା ପାର୍ଲାମେଣ୍ଟରେ
ମୁହୂର୍ତ୍ତମାନେ ବିଲି ବିଲେଇଲେ ପ୍ରତି ଅଧିବେଶନରେ
କଣ ନାଇଁ କଣ କହିଲେ ଏମ୍ତି ଯେ
କାନ୍ଥମାନେ ଜଳିଗଲେ ପାଞ୍ଚମିନିଟ୍ ନିରବ ପ୍ରାର୍ଥନାରେ ।

ପ୍ରାର୍ଥନା ସରିଲା ପରେ କେହି ଯଦି ପଚାରନ୍ତି,
ହୟୋବାବୁ ! ତୁମେ କଣ ବିଶ୍ୱନାଥ ?
ଉତ୍ତରିବ : ହଁ, ମୁଁ ବିଶ୍ୱନାଥ, ଅଜୟ ପ୍ରଧାନ
କ୍ଷତ ଓ କ୍ଷେତର ବିଶ୍ୱକ୍ଷେତ୍ର, ସ୍ୱୟଂ ଅଂଶୁମାନ ॥

■

ଚିତ୍ରସେନ

ପାଇଚ ?
ଖବର ପାଇଚ କାହିଁକି
ହସି ହସି ମରିଗଲା ଚିତ୍ରସେନ
ଛାତିଙ୍କୁ ତଡେଇ ଆକାଶ ତଡେଇ ନଦୀଙ୍କୁ ତଡେଇ ?

ଚିତ୍ରସେନକୁ ଦେଖିଲେ
ମୟୂରୀର ଅଣ୍ଟି ଭିତରୁ ଫିଟିଆସେ ଜହ୍ନ
ପାହାଡ଼କୁ ଚକାଭଉଁରୀ ଖେଳାଏ
ପବନ, ବାଦଲକୁ ଚିରି ଚହଟ ମାରେ
ସୂର୍ଯ୍ୟମୟ ସ୍ୱପ୍ନ, ବୃନ୍ତ ଉପରେ
ସିର୍‌ସିରେଇ ଯାଏ ତଟକା ତଟକା ସ୍ତନ ।

କିଏ ନ ଜାଣିଚି ଚିତ୍ରସେନକୁ :
ବାଘ ଭାଲୁ ନମାଜ ନଟୀ
କା' ଦେହରେ, ମନରେ କୁର୍ତ୍ତାରେ ମେଖଳାରେ
ନ ବାଜିଚି ହାତ : କା'କୁ ନ ଛୁଇଁଚି
ଚିତ୍ରସେନର ଢଳ ଢଳ ଆଙ୍ଗୁଠି ସମୟ;
କେହି ଫାଙ୍କି ପାରିବେ ନାଇଁ ଚିତ୍ରସେନର ଓଠକୁ :
ଗଛବୃଛ ମଣିଷ ପକ୍ଷୀ କି କୋଣାର୍କ;
ଏମିତି କେହି ନାଇଁ କିଛି ନାଇଁ
ଯା'କୁ ମଣ ନ କରିଚି ଖୋଦ୍ ଚିତ୍ରସେନ ।

ଦିନେ ଚିତ୍ରସେନ ବୟସ ଫେରେଇ ଦେଲା
ଶବ୍ଦମାନଙ୍କର, ରଙ୍ଗ ବୋଳିଲା ତାରା, କଣ୍ଟା
ଆଖିମାନଙ୍କରେ, ଧୂନ୍ ସବୁଙ୍କୁ ନେଇ ସଜେଇଲା
ଜାତି ଜାତିକା ଫୁଲପରି ଓଠ, ଝର୍ଣ୍ଣା ବଗିଚା ସବୁରେ
ତୋଳି ଧରିଲା ଇନ୍ଦ୍ରଧନୁ ସାଦା ପାପୁଲି ଉପରେ
ବିଜୁଳି ପରି ଉଠ୍‌ପଡ୍ କଲା ନିଦାସକ୍ତ ସାରା ସହରକୁ ।

ସମସ୍ତଙ୍କ ସହ ସାମଲି ହେଇ
ବଜାରରେ ବିଚ୍‌ରେ ବସ୍‌ରେ ବିଲରେ
ଈଶ୍ୱର ହାଙ୍କିଲେ ଚିତ୍ରସେନକୁ :
କାହିଁକି ସକ ସକ ହେଇପଡୁ ତୁ
କାଚ ଗଳିଲେ କା' ତଳିପାରେ, ରାତିକୁ ଭେଟିଲେ
କାହିଁକି ଲିଭନ୍ତା ଦୀପକୁ ଚିଆଁଉ
କାହିଁକି ବାରୁଦ ଗଣ୍ଡିଲ ଲୁଚେଇ ରଖୁ
ଗାଲର ପାଳଗଦା ଭିତରେ, କାହିଁକି ମେଘଙ୍କୁ
ଛାତିରେ ଦେଉ ତାଲା, କାହିଁକି ସଁବାଳିଗୁଡ଼ାକୁ
ଟାକୁ ଟାକୁ ଗିଳି ପକାଉ, କାହିଁକି ସାମରିକ
ନକ୍‌ସା ଗୁଡ଼ାକ ନେଇ କାନଭାସ୍ କରୁ ? କାହିଁକି ??

ଉତ୍ତର :
ତାକତ୍ ଥିଲା ଯାଁ ମୁଁ ଯୁଝିବି
ଆଖିରେ ଲହୁଥିଲା ଯା' ମୁଁ ମାତିବି
ଓଠରେ ହସ ଥିଲା ଯା ମୁଁ ଗାଇବି ।

ଘାବରେଇ ଯାଇ ଈଶ୍ୱର ବୁଝାନ୍ତି :
ତୁ ଏସବୁ ଛାଡ୍, ଭଲବୁଦ୍ଧି କର
ତୁ ଇନ୍ଦ୍ର ହେବୁ ଯଦି ମୁଁ ରାଜି
ତୁ କୁବେର ହେବୁ ଯଦି ମୁଁ ରାଜି
ତୁ ଆକାଶ କି ସମୁଦ୍ରଠୁ ବଡ଼ ହେବୁ ଯଦି

ମୁଁ ରାଜି, ତୁ ଜଙ୍ଗଲର ମହାମହିମ
ସମ୍ରାଟ ହେବୁ ଯଦି ମୁଁ ପାରିଜାତରେ
ବନେଇ ଦେବି ଶେଜ, ଚନ୍ଦନ କାଠରେ
ହାତୀ ଦାନ୍ତରେ ଖଞ୍ଜି ଦେବି ପଲଙ୍କ
ଗୋଲାପ ପାଖୁଡ଼ାରେ ବିଛେଇଦେବି ରାସ୍ତା
କହିବୁ ଯଦି ସୁରା ନାଁରେ ଟେକିଦେବି ଅମୃତ ।

ଚିତ୍ରସେନ ଅଥଚ ସବୁ ତେଡ଼ି ଦେଲା :
ଈଶ୍ୱରଙ୍କୁ ମଇଁଷିକୁ ସମୟକୁ ଦୁଃଖକୁ,
ଖୁବ୍ ଦମ୍‌ରେ ବି ଛାତି ବାଡ଼େଇ କହିଲା :
କ'ଣ ହେବ ଏସବୁ ମୋର
କି କାମରେ ବା ଆସିବ ମୋ' ପରି ଲୋକର ?
ମୁଁ ତ ଭଲପାଏ ପୃଥିବୀକୁ, ସାରା ଆକାଶର
ନିଷ୍ପ୍ରଭ ତାରାମାନଙ୍କୁ ରକ୍ତ କଣିକା ମଜବୁତ
ମୋ ପରି ମଣିଷମାନଙ୍କୁ;
ଆଉ, ଭଲ ପାଇବା ଶିଖିଗଲେ ଥରେ
ନା' ଥାଏ ଡର ନା ଥାଏ ଈର୍ଷା ଛାଇକୁ, ବର୍ଷାକୁ ।

ପରେ ପରେ ଇ
ଚିତ୍ରସେନର ଘର ଜଳିଗଲା, ଜାଳି ଦିଆଗଲା
ବଗିଚାରେ କୁଜହୀନ ଷଣ୍ଢଚିତ୍ର ଅଙ୍କାଗଲା
ଗୋଟାଏ ଫୋନ୍‌କେ ଜମିବାଡ଼ି ଦଖଲ କରାଗଲା
ଚିତ୍ରସେନ ନାଁରେ ଝୁଲିଲା ପାମ୍ଫଲେଟ୍
ପ୍ରଚାର ହେଲା ଗାଁ ଗାଁ ସହର ସହର
ସଭା ସମିତି, ରେଡିଓ ଟିଭି ଜରିଆରେ
ଚିତ୍ରସେନ ଗୋଟାଏ ମସ୍ତ ପାଗଳ,
ତା' ନ ହେଲେ କେହି କ'ଣ କେବେ
କଙ୍କାଳମାନଙ୍କୁ, ଫସିଲମାନଙ୍କୁ ନେଇ ଦେଖେ ସ୍ୱପ୍ନ
ଛେଳିମାନଙ୍କୁ ଗୀତା ରାମାୟଣ ପଢ଼ାଏ

କେହି କ'ଣ କେବେ ମଲାଗଛମାନଙ୍କୁ
ଝଡ଼ନ୍ତା ଫୁଲଙ୍କୁ କୁଣ୍ଢେଇ, ଚୁମା ଖାଇ
ଭୋ ଭୋ କାନ୍ଦିଥାଏ ପିଲାଙ୍କ ପରି,
କେହି କ'ଣ କେବେ ଅଜଣା ରାଜ୍ୟରେ
ନଅର ତୋଳିବା ନିଶାରେ ରାତିରାତି
ମହୁପରି ସଞ୍ଚି ରଖେ ନିଃଶ୍ୱାସମାନଙ୍କୁ
କାନ୍ଥବାଡ଼ ପତ୍ର ବଲ୍କଳ ମେଘରେ,
କେହି କ'ଣ ମଲା ପ୍ରଜାପତି, ପିମ୍ପୁଡ଼ିଙ୍କ ପାଇଁ
କଫିନ୍ ତିଆରେ ନିର୍ଦ୍ଧୁମ ଖରାରେ ??

ଏସବୁ ବାଦ୍‌ଦେଲେ ପୁଣି
ସମସ୍ତ ସନ୍ତ୍ରାସବାଦୀ କାର୍ଯ୍ୟରେ ଅଛି ତାର ହାତ
ପାହାଡ଼ମାନଙ୍କୁ ଧପେଇ, ସାମ୍ବାଦିକଙ୍କୁ ପିଆଇ
ଆସେମ୍ବ୍ଲିରେ ବୋମା ଫୋପାଡ଼ି ନାଁ ନେବା
ତାର ମତଲବ : ପରେ ପରେ ଇ
କେହି କିଛି କହିବା ଆଗରୁ, ଭାବିବା ଆଗରୁ
ଚିତ୍ରସେନର ହାତରେ, ଛାତିରେ ପାଦରେ ବେଡ଼ି !

ଚିତ୍ରସେନ ଅଥଚ ହସ ହସ
ଆଖି ମୁଜୁ ମୁଜୁ ଓଠ ଶୁଖୁ ଶୁଖୁ
ଶୂନ୍ୟକୁ ପବନକୁ ପିଟିଲା ପରି ଚିଲ୍ଲାଏ :
ଶବ୍ଦମାନେ ଇଁ ମୋ ନିଜସ୍ୱ, ଈଶ୍ୱର
ମୁଁ ଶବ୍ଦର କ୍ରୀତଦାସ, ଶବ୍ଦଙ୍କ ସମ୍ରାଟ ଓ
ପ୍ରତ୍ୟେକ କଙ୍କାଳ ଇ ଆଗାମୀ ସକାଳ ।

କହିବା ବାହୁଲ୍ୟ
ଚ୍ରିତସେନ ଇ ସେଇ ମଣିଷ
ଯିଏ ଦେଇଚି ପକ୍ଷୀଙ୍କୁ ସଙ୍ଗୀତ
ନଦୀକୁ ନିଃଶ୍ୱାସ, ସମୁଦ୍ରକୁ ଆପେଲ୍ ପରି ହୃଦୟ

ଝର୍ଣ୍ଣାକୁ ମରୁଭୂଇଁ ପରି ଲମ୍ବା ଗୋଟେ ଯୌବନ
ଆକାଶକୁ କପୋତ, ପୃଥିବୀକୁ ରାତି ଆଉ ଦିନର କଙ୍କଣ
କାନରେ ଝଲମଲ ଦୁଲ୍ ପରି ସୂର୍ଯ୍ୟ ଆଉ ଜହ୍ନ ।

ଚିତ୍ରସେନ ଇଁ ସେଇ
ଯା'ର ଉତ୍ତରାଧିକାରୀ ସୂତ୍ରେ ଆଜି ମୁଁ
ବୋହୁଚି ତା'ର ଫଟୋଗ୍ରାଫ୍ କଲମ ଡାଏରୀ
ଓ ହକାରୁଚି ସବୁ ରାସ୍ତା ଗଳି କନ୍ଦିରେ :
ଆସ, ଆସ -
ପୃଥିବୀକୁ ମଣିଷକୁ ପ୍ରେମୁଥିବା ପ୍ରେମମାନେ
ମୋ ହାତରେ ହାତ କାନ୍ଧରେ କାନ୍ଧ
ଆଖିରେ ଆଖି, ଛାତିରେ ଛାତି ମିଶାଇ
ଆସ ଆସ, ଆସ ଆସ ।

ଜୀମୂତ ଦାସ୍

ସକାଳୁ ଉଠୁ ନ ଉଠୁ
ଶେଯ ଛାଡ଼ୁ ନ ଛାଡ଼ୁ କାଉ
କୁହୁଡ଼ିର ତାଡ଼ି ପିଇ ଚାଲେ ଭୁସ୍ ଭୁସ୍
ପଥୁରିଆ ଦେହ ଆଉ ଛାତି
ଗଜୁରା ପତ୍ର ପରି ଓଠ ଆଉ ଆଖି
ପହଁରା ଓ ଟୋକେଇ ହାତରେ
ଗୀତ ବୋଲି, ଭୁସ୍ ଭୁସ୍
'ଉଠ, ଉଠ' ରଡ଼ି ଛାଡ଼େ ଜୀମୂତ ଦାସ୍ ।

ସଞ୍ଜ ଜଳୁ ନ ଜଳୁ
ଚଢ଼େଇଙ୍କ ସ୍ୱପ୍ନ ସରୁ ନ ସରୁ
ଦୁଆରେ ହାଜର
ଠୋ' ଠୋ' ପାଟି : ବନ୍ଦ କର, ବନ୍ଦ କର
ଶବ୍ଦଙ୍କୁ ସିଝାଅ, ଧୂଆଁଦେବା ସୁରୁକର
ପ୍ରିୟ ମଣିଷ !
ମୁଠା ଭିତରେ ଦେଖ ଏବେ ଭୋ'ର !!

ଦିନ ତମାମ୍ ପହଁରାର ଶବ୍ଦ
ଜଙ୍ଗଲ ମନ୍ଦିର ନୋଳିଆ ବସ୍ତି ବେଶ୍ୟା ପଡ଼ା
ରାତି ତମାମ୍ ଖଡ୍ ଖଡ୍ ଶବ୍ଦ ଖଡମର,
ପବନରେ ଆକାଶରେ ଗଛବୃଛ ସମୁଦ୍ରରେ

ସବୁଠି ଶବ୍ଦ ନିରବରେ,
ଟର୍ଚ୍ଚପରି ଦି'ଟା ଆଖି ଚକ୍ ଚକ୍
ନିରବରେ, ମାନଚିତ୍ରରେ !

ଫକଡ଼ରାମ ଜୀମୂତ ଦାସ
ନା ଘର ନା କ୍ଷେତ ନା କିଛି ବେପାର
ଯୋଗ୍ୟତା ବୋଇଲେ ଖଣ୍ଡେ ମାଇନର
ଯଦିଓ କଥା ଲଗେଇ ପାରେ ବେଶ୍
ସମୟ ସହ ସୂର୍ଯ୍ୟ ସହ ଅନ୍ଧାର ସହ
କରିପାରେ ଫୋନ୍ ମନ୍ତ୍ରୀକୁ ଫୁଲଙ୍କୁ
କରିପାରେ ଚର୍ଚ୍ଚା ବେଦ ଓ ବେଦାନ୍ତ
ଗିଳିପାରେ ଶୂନ୍ୟତା, ଯନ୍ତ୍ରଣା ମୁଠା ମୁଠା
ହସ ହସ ସବୁବେଳେ ଜୀମୂତ ଦାସ୍ !

ଦିନା କେତେ ପଡ଼ିଲା ଚହଲ
ସବୁ ଛକ ସମ୍ବାଦ ପତ୍ର କଲେଜ ହ୍ଣୁଲସ୍କୁଲ୍
ଥର ହର ମାଟି ପାଣି ଓ ପବନ
ସବୁରି ଆଖିରେ ଆଖିଏ ପ୍ରଶ୍ନ
ଆକାଶରୁ ଆଟୁରୁ ମାଟିରୁ ମଶାଣିରୁ
ସାହିରୁ ସମୁଦ୍ରରୁ ନଳାରୁ ଲବଙ୍ଗ ବଣରୁ
କ'ଣ ଓଳାଏ ଜୀମୂତ ଦାସ୍, ଚୁପ୍ ଚାପ୍
କଣ ??

ଖୋଳତାଡ଼ କରନ୍ତି ସାହିଲୋକ
କବିକୁଳ, ପକ୍ଷୀକୁଳ
କୋରି କରନ୍ତି ତୁହା ତୁହା :
ଶବକୁ ମଲା ଆଖିକୁ ହଡ଼ା ଶବ୍ଦଙ୍କୁ
ଛାତିରେ ଗଦେଇ କି ଯୋଗକର
କିଅାଁ ସାପକାତିରେ ଛନ୍ଦିଦିଅ ଶ୍ୱାସ

କିଆଁ ଏ ସବୁରେ ହର୍ଦ୍ଦମ ମାତିଥାଅ
ଜିମୂତ ଦାସ୍ ?

ଜୀମୂତ ଦାସ୍ ଜାମ୍ ।
ପାଟି ବନ୍ଦ୍ ଆଖି ବନ୍ଦ୍ ନାକବନ୍ଦ୍
ଦ୍ୱାର ଝର୍କା ଜଳା ସବୁବନ୍ଦ୍
ସବୁ ଚୁପ୍‌ଚାପ୍ :

ସବୁ ଚୁପ୍ ଭିତରେ କହିଦିଏ ଜଣେ କିଏ
ବେଟା, ଜୀମୂତ ଦାସ ଚଲ୍ !!

■

ମାଣିକ

ଟାଇଁ ଟାଇଁ ଦି'ପହରଟାରେ
କିଏ ଦି'ଜଣ ଘୋଡ଼ା ଝପଟେଇ ଆସୁ ଆସୁ ଅଟକିଲେ
(ଲାଗୁଥିଲା ଘୋଡ଼ା ଦି'ଟା ଝଡ଼ି ପଡ଼ିବେ ପରା !)
ଫେଣ ସାଲୁ ବାଲୁ ମୁହଁ ଆଖି ନାଲୁଆ ନାଲୁଆ
ସୁଠାମ ସୁଧାର ସେ ଦି'ଜଣ ବି ଦିଶୁଥିଲେ କାଇଲା
(ଯେ କେହି କହିବ) ତାଙ୍କ ହଂସା ଉଡ଼ିଯିବ ପରା !

କାଳିଆ ମରଦଟା ଓହ୍ଲେଇଲା ଆଗ, ପଚାରିଲା
ମାଉସି, ପାଣି ମିଳିବ ପାଣି ଏଠି କୋଉଠି ?
ପୁଅ, ଏଇଟା ତ ଏକବାରେ ମରୁ
ହେଲେ, କୋଉଠୁ ଆଇଲ କୋଉଠି ତମ ଆସ୍ଥାନ ? ପଚାରିଲି ।

ଧଳାଘୋଡ଼ା ଛେଚୁଥାଏ ଟାଙ୍କ ମାଟିରେ
ଧଳା ମରଦଟା ଆଉଜିଯାଏ ଥୁଣ୍ଟା ଗଛରେ
ଏତେ କଷ୍ଟ ଜାଣିଥିଲେ ମୁଁ ଆସି ନଥାନ୍ତି ଜମା,
ଓଃ, କି ଶୋଷ କି ଡାହାଳ ଖରା ! କହେ,
ମୁଁ ଆଉ କି ସହେ,

ଯାଉ ପଛେ ମୂଳଜମା, ମୁଣ୍ଡରୁ ଓହ୍ଲାଏ ଘଡ଼ି
ଡାକେ, ପୁଅ, ସଢ଼େଇଏ ସଢ଼େଇଏ ଦହି ଟେକିଦିଅ
ଏଡ଼େ ତବତରେ କିଏ କୁଆଡ଼େ ଭଲା ବାହାରନ୍ତି !
ଦିହିଁଙ୍କ ମୁହଁ ଦେଖି ଦି' ପୁଅ ପରି ମୋର ଲାଗିଲା
ଗଲାସନ ଯୁଦ୍ଧକୁ ଯାଇଥିଲେ ଯେ ଆଉ ନେଉଟିଲେନି

ଚାହିଁ ଚାହିଁ ଆଖିରେ ମଲା ପୋଷ ପୋଷ ପାଣି
ବାପ ତାଙ୍କ ଏଇ କାମ କରି ପେଟ ବୁଝୁଥିଲେ
ପୁରୁଷ୍ତମ ନେବେ ଖଡୁଖଜା ଦେବେ କଥା ଦେଇଥିଲେ
କାଳ ସହିଲାନି, ନିମୋନିଆରେ ଗଲେ
ଛାଡ଼, ଚଡ଼କ ପଡ଼ିଲା କାଚ ତୁଟିଗଲା, ଏକା ରହିଗଲି ଘରେ ।

ଠିକଣା ପଚାରୁଚୁ ପୁଅ ?
ଏ ଖଣ୍ଡ ମଣ୍ଡଳେ ମୋତେ ନ ଚିହ୍ନେ କିଏ
ଏ ଦହି ପରା ମୋରି ନାଁରେ ଯାଏ !
ମାଣିକ ପାଟଣା ଗାଁରୁ ମୋ ନାଁ ଜାଣିବ
ଆଛା ପୁଅ, ପୁରୁଷ୍ତମରୁ ପରା ଆଇଚ, କେତେଦୂର ??
ଡୋର ନାଗିଲାନି ଏ ଯାଁ' କାଳିଆ ଠାକୁରର, ନମସ୍କାର ।

ହଇରେ ପୁଅ କଣ କରୁଚୁ ! ଛି, ଛି
ମୁଁ ତୋତେ କଉଡ଼ି ମାଗୁଚି କି, ଦଉଚୁ ଅଙ୍ଗୁରୀୟ !!
ତମ ଦି'ଜଣକୁ ଦେଖି ତ ଅଣ୍ଟି ପେଟ ମୋର ପୂରିଗଲା
ଦହି କଳସେ ଖାଇଦେଲ ଯେ କଣ ଭାସିଗଲା ?

ହେଲା,
ଅଝଟ କରୁଚୁ ଯଦି ଥାଉ ସନ୍ତକ
କହିପାରିବି କିଛି ନହେଲେ ତ ମୋ ପୁଅ ଆଇଥେଲା !!

■

କନିଷ୍କ

ବଜାରରେ ଦୈବାତ୍ ଦେଖାହେଲା କନିଷ୍କ ।

କନିଷ୍କର ମା ମଲାବେଳେ ମୁଁ ନଥିଲି
ହାର୍ଟ ଆଟାକ୍‌ରେ ବାପା ପଡ଼ିଲା ବେଳେ ମୁଁ ନଥିଲି
ଠିକ୍ ଠିକ୍ ସମୟରେ ତା'ର ମୁଁ ପହଞ୍ଚି ପାରି ନଥିଲି
ଯୋଉଥି ପାଇଁ ମୋ ହାତ ଦୁଇଟା ବ୍ୟଗ୍ର ସଣ୍ଢୁଆସୀ ପରି
ଜାବୁଡ଼ିବା ପାଇଁ କନିଷ୍କକୁ, କିଛି ନଅ ଛଅ
କହିବା ପାଇଁ ଛାୟାଛନ୍ନ ମୋହଗ୍ରସ୍ତ ଆବେଗରେ
ଥରି ଉଠୁଥାଏ ଓଠ : ଆଜିକାଲି ତା'ର
କେମିତି ଚାଲିଚି : ତାସ୍ ଜମୁଚି ନା ନାଇଁ : ପିଆପେଇ
ଧୁମ୍‌ଧାମ୍‌ରେ ହଉଚି ନା ନାଇଁ : ସାନଭାଇ ଓ.ଏ.ଏସ୍
ପାଇଚି ନା ନାଇଁ : ହର୍ଷବର୍ଦ୍ଧନର ଭଉଣୀକୁ କିଏ ନେଲା :
ଅଶୋକ ଜୁଆରେ କେମ୍‌ତ ଜିତିଚି କେମ୍‌ତି ଶିବାଜୀ
ଫେରାର୍ ହେଲା, ମୋର ଏ ଭିତରେ ପ୍ରମୋଶନ୍,
ବୋଉର କଲିକ୍ ଇତ୍ୟାଦି ଇତ୍ୟାଦି ।

ଅଥଚ ମୁଁ ଖନି ମାରିଯାଏ ଓଲଟ ଆକ୍ରମଣରେ :
ଚିଠି ଲେଖି ପାରୁଚି ନା ନାଇଁ, ଛକରେ ପଇଁତରା ଚାଲିଚି
ନା ନାଇଁ, ସାର୍ଟରେ ବୋତାମ ଅଛି ନା ନାଇଁ, ଡାଏରୀରେ
ଟିପିଚି ନା ନାଇଁ ଗଳିକନ୍ଦିର ହାଲ୍‌ଚାଲ୍, ଚରସ୍‌ର

ବେପାରୀ ରେଟ୍ ଖସିଲାଣି ନା ନାଇଁ,
ସମୁଦ୍ରରେ ଯୋଡ଼ ଲାଲ୍ ପକ୍ଷୀଟି ମରିଥିଲା ତା
ଆତ୍ମହତ୍ୟା ନା ହତ୍ୟା ଜଣାପଡ଼ିଲା ନା ନାଇଁ !!
ଓଃ, ଏଇ କନିଷ୍କ ବି.ଏସ.ପାସ୍ ପରେ କଲା ପଲଟିକ୍ସ
ଦିନା କେତେ ଭାଷଣ ମାରିଲା, ପକ୍ଷୀଙ୍କ ସମ୍ମିଳନୀରେ
ମହୁମାଛି ପିମ୍ପୁଡ଼ି ଓ ଉଇଙ୍କୁ ନେଇ ଷ୍ଟ୍ରାଇକ୍ କଲା ରାଜଧାନୀରେ
ଜାମିନ୍ ଆଣିଲା ଚନ୍ଦ୍ରକୁ, ବସୁଦେବକୁ, କୋଣାର୍କର ମୁଖାଶାଳାକୁ
ବ୍ରାସୋ ମାରି ଚକ୍ ଚକ୍ କଲା ହୃତ୍‌ପିଣ୍ଡ, ଚେର, ଆଖି
ଟାବ୍‌ଲେଟ୍ ଦେଲା ପୋଲ, ପୋଷ୍ଟବାକ୍ସ ଶୁଖିଲା ନଦୀକୁ
ପ୍ରେମପତ୍ର କେତେ ଚିରି ଫିଙ୍ଗିଦେଲା ଆକାଶ
ଏଇ ସେଇ ଯା' ପେଣ୍ଟ ଚିରା, ପକେଟ୍‌ରେ ନିବ୍ ନଥିବା କଲମ
ପାଟିରେ ଚାରମିନାର ଓ ଆଖିରେ ଅଟଳ ବିଶ୍ୱାସ !

ସତରେ ମୁହାଁ ମୁହିଁ କନିଷ୍କକୁ
ମୁଁ କିଛି କହିପାରେନା, ବରଂ ବିଦା କରିଦିଏ
ବାକିରେ ଚା' ଟିକେ ଦେଇ ପାଖ ଦୋକାନରୁ
ଫେରିଆସେ ଯୁଦ୍ଧକାଳୀନ ଭିତ୍ତିରେ ବସାକୁ ଓ ଶୁଏ
ଯେମିତିକି ମୁଁ କ୍ଲାନ୍ତ ଅନେକ ବର୍ଷ ଧରି :
ଧୀରେ ଧୀରେ କନିଷ୍କ ମିଶିଯାଏ କୁହୁଡ଼ି ପରି ଖରାରେ
ହାତଗୋଡ଼ ପିଠି ଜଂଘ ପେଟ ଲୁଚି ଲୁଚି ଯାଏ,
ଓ ମୋତେ ଲାଗେ ମୋ ପକେଟ୍‌ରେ ତାର କଟା ମୁଣ୍ଡ
ଓ ଝର ଝର ରକ୍ତରେ ମୋ ପୃଥ୍ୱୀ ରକ୍ତାକ୍ତ !

ମୁଁ ପହଁରେ ରକ୍ତ ସରୋବର
ଓ ଟାଣିଆଣେ ଗୋଟାକ ପରେ ଗୋଟାଏ ମୃତ୍ୟୁଭେଦୀ ଅସ୍ତ୍ର !!

■

ସୁମନ୍ତ ମିଶ୍ର

ବହୁବେଳେ ମନକୁ ଆସେ
ବହୁବେଳେ ଛାତିକୁ ରାମ୍ପୁଡ଼େ
ବହୁବେଳେ ମେଘ ଘୋଟେ ଆଖିରେ
ବହୁବେଳେ ଶୁଭେ ଅଦ୍ଭୁତ ସ୍ୱରଟିଏ
ମାଟିରେ, ଧୂଆଁ ଫିଙ୍ଗୁଥିବା ଛକମାନଙ୍କରେ
କାର୍ଖାନାର ପୁଙ୍ଗା ପରି
ପଡୁଥାଏ ଉଠୁଥାଏ ପୃଥ୍ୱୀ ସୁମନ୍ତର ବୋକା ହସରେ ।

କେହି ଯଦି କୋଉଠି ପଚାରେ କା'କୁ
ଏଠି ଘର ମିଳିବ ଘର ?
କେହି ଯଦି ଇଛେ ସ୍ପେଶାଲ ସିଗ୍ରେଟ୍ ହ୍ୱିସ୍କି କି ଚାଦର
କା'ର ଯଦି ଯିବା ଅଛି ପୁରୀ କି କଟକ
ସବୁର ଭରସା ହାତଟିଏ ପରି ସୁମନ୍ତ ମିଶ୍ର ।

ସୁମନ୍ତ କବିତା ଲେଖେ ନୂଆ ନୂଆ ମୃତ୍ୟୁର
ଗୀତ ଗାଏ, ଖାଏ ନିରବତା
ଫୁର୍ତ୍ତିକରେ, କରେ ବକଓ୍ୱାଜ୍
ଯଦିଓ ତା ପକେଟ୍‌ରେ ଥାଏନା ଗୋଟେ ବି ଅଧଲା
ଯଦିଓ ତା ପେଟରେ ଭୋକ, ପାଦ ଦିଓ୍ୱାନା
ଘୂରୁଚି ତ ଘୂରୁଚି ଉଡୁଚି ତ ଉଡୁଚି
ଟିକେଟ୍ ନାଇଁ ତ କଥା ନାଇଁ

ସିନେମା ଯିବା ତ ଚାଲ, ଡ୍ରାମା କରିବା ତ ଆସ
ବାର୍‌ରେ ସମୁଦ୍ରରେ ଜହ୍ନରେ ମଶାଣିରେ
ବସିବା ତ ବସ ।

ଘରେ ବି ଅଦ୍ଭୁତ !
ଖାଏ ନ ଖାଏ ଶୁଏ ନ ଶୁଏ ଆସେ ନ ଆସେ
କେହି ପଚାରେନି, କିରେ ସୁମନ୍ତ
କଣ ପାଇଁ ଛାତମାନଙ୍କୁ କହୁ ସାଦା କାଗଜ
କଣ ପାଇଁ କଲମମାନଙ୍କୁ ଭାବୁ ସିରିଞ୍ଜ୍
କଣ ପାଇଁ ଡଷ୍ଟବିନ୍‌ରୁ ଟେକି ଆଣୁ ଦରମଲା ହୃତ୍‌ପିଣ୍ଡ
କଣ ପାଇଁ ଏତେ ରାତିକୁ କଢ଼କୁ ଦରଦ ??

ସବୁଠୁ ମଜା ହେଲା : ଦିନେ ସୁମନ୍ତ କାନ୍ଦିଲା
କାନ୍ଦିଲା ଯେ ବନ୍ୟା ହେଇଗଲା
ପାନ ଦୋକାନୀଠୁ ମନ୍ତ୍ରୀ, ରାସ୍ତାଠୁ ଈଶ୍ୱର କମ୍ପିଲେ
ମଧ୍ୟସ୍ଥି ପଠେଇଲେ ବାରମ୍ବାର
ଏଟାଚି ଏଟାଚି ଟଙ୍କା ଓ ବୋଇଂ ବିମାନ
ଚିଠି ଲେଖିଲେ ଟି.ଭି. ରେଡିଓ ଓ ସମ୍ବାଦପତ୍ର :
ସୁମନ୍ତ, ଚୁପ୍ ର', କଣ ଦର୍କାର କ' ।

କାଉମାନେ ଗଦା ହେଲେ ଅସଂଖ୍ୟ ଅସଂଖ୍ୟ
ସଁବାଳୁଆ ଖୋଜିଲେ କବର, ରାତି, କୋଣାର୍କ
ବାଘମାନେ ଧାଇଁଲେ ବୋହି ଦୁଧ ଭାର ଭାର
ପିମ୍ପୁଡ଼ିମାନେ ବ୍ୟାଣ୍ଡପାର୍ଟି ଦଳ ଦଳ
ମହୁମାଛି, ସମ୍ପାତି ଉଠିଲେ ମଳି ମଳି ଆଖି, ଓଠ
ମୁକୁନ୍ଦଦେବ ସତେ ବା ପିନ୍ଧିଲେ ଉରସ୍ତ୍ରାଣ ଶିରସ୍ତ୍ରାଣ
ସମସ୍ତେ ଆସିଲେ ଧାଇଁ, ଧଇଁ ସଇଁ
କୁଆଡ଼େ ଗଲେ ବେପାରୀ ଦଳ କେହି ଜାଣେ ନାଇଁ
ସୁମନ୍ତ ହସିଲା, ଚାଲିଲା, ଫେରିଲା ନାଇଁ ।

କେହି ବି ବୁଝିପାରିଲେ ନାହିଁ ଘଟଣା କଣ
ପଚରାଗଲା ଟ୍ରେନ୍ ଟାକ୍ସି, ଘଣ୍ଟା ମାଇଲେଜ୍‌କୁ
ଲୋଡ଼ାଗଲା ଏଜେଣ୍ଟ ୦୦୭, ରବୀନ୍ ରତନ୍ ହୋମସ୍‌ଙ୍କୁ
କୁହାଗଲା ପୋଲିସ୍ ଡାକବାଲା କ୍ୟାମେରା କମ୍ପ୍ୟୁଟରକୁ
ଛପାଗଲା ପାସ୍‌ପୋର୍ଟ ଫଟୋସହ ସମ୍ବାଦପତ୍ରରେ :
ଶୀଘ୍ର ଫେରିଆ'ରେ, ସୁମନ୍ତ ଫେରିଆ'
ଏମ୍ପ୍ଲୟମେଣ୍ଟ୍ ଏକ୍ସଚେଞ୍ଜରେ ଭିଡ଼, ଟ୍ରାଫିକ୍ ଜାମ୍
ମନ୍ଦିର ଉପରୁ ଖସି ଯାଇଚି ପତାକା, ପଥର ଓ ଚୂନ
ବଗିଚାରୁ ଯାଇଚି ଏପ୍ରିଲ୍, କୋଇଲି ଓ ସମ୍ଭ୍ରମ
ଆଲବମ୍‌ରୁ ମହମ୍ମଦ ରଫି, ଚାର୍ଲି ଓ କମଲ ହାସନ ।

ସୁମନ୍ତର ଆଖିରେ କାନରେ ପଡ଼ିଲା ନା ନାହିଁ କେଜାଣି
ମୁଁ କିନ୍ତୁ ଆସିଲି, ପହଞ୍ଚିଲି ଖୋଜ ବାରିବାରି ॥

■

ସେନାପତି

ଦୃଶ୍ୟରେ ସମାହିତ ଏ ପୃଥ୍ୱୀ
ମୋ ପାଇଁ
ତମେ ରଖିଚ ସାଇତି,
ସେନାପତି !

ଯୁଦ୍ଧରେ ମୁଁ ଆହତ
କ୍ଷତିଗ୍ରସ୍ତ ମୋ ଛୋଟିଆ ସଂସାର
ବାଲିକୁ ଚଢ଼ିଥିବା ଜାହାଜ
ଚିରା ଫଟା ପେଣ୍ଟସାର୍ଟ ଦଦରା ଛାତ
ଝଡ଼ରେ ନିଖୋଜ ନାଁ ମୋ ନିଜ ସହରର ।

ଦୃଶ୍ୟରେ ସମୁଜ୍ଜ୍ୱଳ ଏ ପୃଥ୍ୱୀ
ମୋ ପାଇଁ
ତମେ ରଖିଚ ଥାକ ବାନ୍ଧି,
ସେନାପତି !

ରଣରେ ମୁଁ ଆକ୍ରାନ୍ତ
ଛାତିରେ ମୋ ଲହଡ଼ା ମୁଠା ମୁଠା ଦୀର୍ଘଶ୍ୱାସ,
ତଥାପି ନିର୍ଦ୍ଦେଶ ତମର ଯିବା ପାଇଁ ଦୂର
ସୀମାନ୍ତ ଡେଇଁ ଅନ୍ଧାର ଡେଇଁ
ଡେଇଁ ନାଳ ସମୁଦ୍ର, ପାହାଡ଼ ।

ଦୃଶ୍ୟରେ
ସମ୍ମୋହିତ କରି ରଖିଥାଅ ଏ ପୃଥ୍ୱୀ,
ସେନାପତି !
ପାଦଶବ୍ଦ ଶୁଭୁଥାଉ ତମର
ତତଲା ବାଲିରେ ଓଟ ପରି
ଚାଲିଥାଏ ମୁଁ ମାନି ନିର୍ଦ୍ଦେଶ ତମର
ସମ୍ମୋହିତ କରି ରଖିଥାଅ
ଏଇ ପୃଥିବୀ ପାଇଁ ଜୀବନ ସମଗ୍ର ।

■

ଜଣେ ବୁଢ଼ା ଲୋକ ସମ୍ପର୍କରେ

ପ୍ରଜାପତିଙ୍କୁ କହିଲି ସଭାରେ, ବନ୍ଧୁକ ଉଠାଅ
ଫୁଲଙ୍କୁ କହିଲି ସ୍ୱାସ୍ଥ୍ୟରକ୍ଷା କର, ବର୍ଚ୍ଛାଟେକ
ପ୍ରତାରଣା ପ୍ରତିଶ୍ରୁତିଙ୍କୁ କହିଲି, କମଣ୍ଡଳୁ ଧର
କେହି ଶୁଣିଲେ ନାଇଁ
ଆରମ୍ଭ ହେଲା ତୃତୀୟ ମହାସମର କିଲ୍ଲା ପଡ଼ିଆରେ
ତାଳି ଆଉ ହ୍ୱିସିଲ୍ ନିଅନ୍ ଆଉ ବୋତଲ ଭିତରେ
ଏ ସହର ରହିଲା ନ ରହିଲା କିଏ ବା ପଚାରେ !

କେହି କହିଲେ ନାଇଁ ଦୁର୍ଗ ଭିତରର ଦରୱାନକୁ
ବନ୍ୟା ଯେ ଆସୁଛି ଛୁଟି ଦି'ଶହ କି:ମି: ବେଗରେ
ସଚ୍ଚି, ଗୁରୁ କି ରଣଜିତ ବଳବନ୍ତ ରାୟଙ୍କୁ
ଈଶ୍ୱର ନାମକ ଅନାମଧେୟ ଯାଦୁକର ସତେ କି
କାବୁ କରିଥିଲା ମାଂସୁଆ ହାତ ଓ ହାଡୁଆ ଜିଭକୁ ।

ପଥର ବନ୍ଧ ଭୁଷୁଡ଼ିବା ଜଣା ନଥିଲା କା'କୁ (?)
ପକ୍ଷୀ ମନ୍ତ୍ରୀ ପି.ଡବ୍ଲ୍ୟୁ.ଡି କି ଦେବଦାସକୁ
ମଳା ଟଗରର କ୍ୟାମ୍ପସ ଭିତରେ କାକୁସ୍ଥ ସ୍ୱପ୍ନଟିଏ ମୁଁ
କେତେ ନାଇଁ କେତେ ହକାରିଚି ଦୈନିକ ଓ ସାମୟିକୀଙ୍କୁ
ପକେଟରୁ ଦେଖେଇଚି ପଚା ମାଂସ ଟି.ଭି ଓ ବିରୋଧୀଦଳଙ୍କୁ
କେହି କହିଲେ ନାଇଁ ମ୍ୟୁନିସିପାଲିଟି କି ବିଶ୍ୱକର୍ମାଙ୍କୁ
ଭୁଷୁଡ଼ି ପଡୁଚି ରାସ୍ତା ହାଡ଼ ମାଂସ ମେଦ ଖସୁଚି ଖାଇକୁ ।

ଅଜବ ମଣିଷ ଏଠି ଅଜବ ଜୀବନ :
ମୁଁ ଦେଖିଲି ଏଠି ଅସ୍ତ ସୂର୍ଯ୍ୟ ପରି ବିନ୍ଦୁ ସିନ୍ଦୁର
ହାଡ଼ ଫୁଟି ମହାମାରୀ ଗିନିସୁନା ଅନେକ ଫେସନ
ମଶା ଓ ଡାଆଁଶ ପୁଣି ଗେଣ୍ଡା ଓ କଙ୍କଡ଼ା
ହାଇକୋର୍ଟ ଛକରେ ଭିକାରୀ ଓ ଗର୍ଭବତୀ ବିଧବା
ମୁଁ ଦେଖିଲି ମାଂସଚପ୍ କୁଲ୍‌ଫି ପୁଣି ହୋଟେଲ୍ ଓ ନିଆଁ ।

ଯା' ପରେ ହାଲିଆ ମୁଁ କିଲଟରୀ ବରଗଛ ତଳେ
କାହାପାଦ ଭାଙ୍ଗିଦିଏ କୁମ୍ଭକର୍ଣ୍ଣ ନିଦ
ମୁଁ ଦେଖେ ଏକ ନଇଁ ନଇଁ ବୁଢ଼ାଯାଏ ଅନ୍ଧାର ଉହାଡ଼େ
ମୁଠାରେ ତା' ଓହଳ ଖୋସଣି ଚିରା ଧୋତି ଦେହ
ଡାକେ ମୁଁ ପାଟିରେ, ହୋ ମଉସା ! ରୁହ ରୁହ
ଧପାଲି ପହଞ୍ଚେ ନିକଟରେ, ପଚାରେ ପରିଚୟ
ତା' ପରେ ଯା' ଘଟିଲା ସେ ଏକ ଆଶ୍ଚର୍ଯ୍ୟ ବିଷୟ ।

ଭୋ ଭୋ କାନ୍ଦି ହାତଧରି ଗଡ଼ିଯାଏ ବୁଢ଼ା ଥର ଥର
କହେ, ହେ ସମ୍ରାଟ, ହେ କେଶରୀ ରକ୍ଷାକର ରକ୍ଷାକର !!

■

ପୁରୀ

ସହର ଭିତରେ ନାଁ ଡାକ୍ ଭାରି : ପୁରୀ
ଜଗନ୍ନାଥ ବଡ଼ଦାଣ୍ଡ ସମୁଦ୍ର ପଣ୍ଡା ପଢ଼ିଆରୀ
ଶାଳଜଙ୍ଘ ପଟା ଦରେ ଛାତି ଭୁଜ ମହାବଳୀ
'ସାଙ୍ଗ ଭାଙ୍ଗ ପଙ୍ଗତ'ର ସଚିତ୍ର ରୋଷଣି
ମରିଚ ପାଣି ପରେ ପୋଖରୀ ପାଣି
ଇନ୍ଦ୍ରଦ୍ୟୁମ୍ନ ରାମିତୋଟା ସିଦ୍ଧ ମହାବୀରୀ
ବାଟମଙ୍ଗଳା ବଲ୍ଲଭ ବା ମୁହାଣ ବାଙ୍କି
ରୋଷେଇ ବେଳେ ରାଜନୀତି ଗୀତ ଗୁଲିଖଟି,
ସଙ୍ଗୀତ ଆଖଡ଼ା ପୁଣି ଏଠି 'ରୁଚି ପ୍ରିୟ ଜନତା'
ତାସ ପଶା ବକବାଜି ସିନେମା ଚର୍ଚ୍ଚା
ଗୋଟିପୁଅ ଦାସକାଠିଆ କେବେ ପୁଣି ପାଲା
ସର୍ସା ଏଠି କ୍ଷୀରା ସାଙ୍ଗକୁ ଡାଲି ଓ ଅଭଡ଼ା ।

ଏ ସହରେ ବଜର ହେଲେ ବୁଢ଼ା ଆଉ ପିଲା
ଜାଗାଘର ମାଡ଼ିଲାଣି ଯିଏ' କହିବ ତାକୁ କିଆଁ
କ୍ଷୁରଧାରଠୁ ତୀବ୍ର ଆଉ ତୀକ୍ଷ୍ଣ ବାତେନି ଓ ବୋଲି
ସେକେଣ୍ଡ୍‌କେ କେତେ ମେଟାଫର୍ ସିମ୍ବଲ ସିମିଲି
ସମ୍ବୋଧନେ ମାହାର୍ଜେ, ମାଲିକ୍ ବା ମଣି
ଖତରା ବାତରା ମରୁଡ଼ି ଓ ଗଜା ସମାନ ସବୁ ତ ଏଠି,
କଥା କଥାକେ ଶୁଣାନ୍ତି :
ବୁଝିଲ ମାଲିକ୍, ଭଲ ହେଲେ ଘୁଅ ପୋଛି
ନାଇଁ ତ ଏକା ଚୋଟକେ ଗୋଛି,

ଅବଶ୍ୟ ତର ତୋଫାନ ବେଶି, ତରରେ ପୃଥିବୀ ପିଳେହି
ସାହି ଯାତ ରାବଣ ଚନ୍ଦନ ଗାଧୁଆ ମେଳି
ନାଗା, ମାଙ୍କଡ଼, କୁସ୍ତି ଓ ବନାଟି
ପାନ ସ' ମଲ୍ଲୀମାଳ ତାସ ଖୁଲ୍ ଝୁଲ୍ ଚାଲି
(ଚାଲିରେ ମହାରାଜା - ଗାଡି ଫାଡ଼ିକୁ କିଏ ଶୁଣୁଚି ?)

ଧର୍ମେନ୍ଦ୍ର ବଡ଼ ହିରୋ 'ଟୋକା' ସିଏ ସିନା
ଟକ୍କର ଦବାକୁ କୋଇ ନେହିଁ ହେ ବେଟା !
ପରିବା ବେପାରୀଠୁ ଧୂଳିଆ ଗୁମାସ୍ତା
ନେଙ୍ଗେଡ଼ିମେଟିଠୁ ଜୁଆନଙ୍କ ଯାଁ
ସମତିଙ୍କ ଜିଭ ଅଗରେ କବିତା ।

ନୂଆ ନୂଆ ଖବରଟେ ଦୁର୍ଘଟଣାଠୁ ବଳି
ଗୋଟେ ଛକ ପରେ କଥାରେ କଥାରେ ଭଲଲୋକ ଖଣ୍ଟି
ବେଲୁନ୍‌ଟେ ଫାଟିଲେ ଲୋକ ପ୍ରଦର୍ଶନୀ
କଥା କଥାକେ ଚଉପଦୀ ବୋଉକୁ ନାନୀ
ଉସୁମାନରେ ଉଡ଼ିପାରେ ବି କାଛା ବା ଫାର୍ଶା
'ଦାଉ' ନାଁ' ବୁଲ୍‌ଚକ୍ରୀ କହି
ଗୋଡ଼ ଆଡୁ ପଶି ହାତୀକୁ କରନ୍ତି ଛେଚା,
ଝୁଅ ପିଲେ ଛେନା ଖାଇ ଛେନା ପରି ରହିଥାନ୍ତି
କାଠ ପଟା ତଳେ ବା, ହାତେ ନମ୍ବ ଓଡ଼ଣା ଭିତରେ
ଷ୍ଟାଇଲ୍ ଫାଇଲ୍ ମାରି ଯିଏ ଗଲା ଜାଣ ମଲା
ଦୋ ଅକ୍ଷରୀ ସଂସ୍କୃତ ଭାଷାରେ ।

ଏ ସହର ତଥାପି ସତେ ମଣିଷର ଖାସ୍ ଜୀବନର
ଏ ସହର ଭିନ୍ନ ନାଇଁ ଚିର ବସନ୍ତର
ଅନ୍ଧାରେ ଆଲୁଅ ଓ ଆଲୁଏ ଅନ୍ଧାର
ସବୁ ଏଠି ସତେ କେଡ଼େ ଚମତ୍କାର... !!

■

ନାନୁ'ନା

ନାନୁ'ନା
ଆମର ନନା,
କହେ କଣ୍ଢେଇ କହେ ଘାସ ହୃତପିଣ୍ଡ
କହେ ବାଦାମବାଲା ଭୂଗୋଳ ମାଷ୍ଟ୍ର ।

ଜଙ୍ଘ ବାଢ଼େଇଦେଲେ ନାନୁ'ନା
ଫୁଟ୍‌କି ଛାଡ଼ିଦେଲେ ପବନକୁ
ସମୁଦ୍ର ବଡ଼ଦାଣ୍ଡ ସମୟ ପୋଖରୀଛୁଆଁ
ଜରାୟୁ ଓଜନ ହେଇଯାଏ ଅନେକ ସ୍ୱପ୍ନରେ
ଭାଙ୍ଗିଯାଏ ଉଇହୁଙ୍କା ହାଡ଼ର ପାହାଡ଼
ଠିଆ ହେଲେ, ପ୍ରତି ଛକରେ ସଭା ଆଖଡ଼ା
ପିଚ୍ ପିଚ୍ ପାନ ଫର ଫର କଥା ଗରମ ମସଲା
ଚାହିଁଲେ ହସିଲେ ଦୁମ୍ ଦୁମ୍ ମଥୁରା ଦ୍ୱାରକା ।

କଥା କଥାରେ କହନ୍ତି
ସବୁ ମଣିଷଙ୍କ ଲାଞ୍ଜ ଗ୍ରେଜୁଏଟ୍ ନୁହଁ
ସ୍ୱର୍ଗଦ୍ୱାରରେ ମୋ ଘର ପିଲାଛୁଆ ସଂସାର
ସାଧାରଣ ମଣିଷ ମୋ ପରିଚୟ :
ପଙ୍କରୁ ପଙ୍କଜ ଜାତ
ଭାଙ୍ଗବଟା ଶିଳ ନିକଟୁ କୁସ୍ତି ନଡ୍ଡୁ ନଡ୍ଡୁ ମାକ୍
କାଉନସିଲର୍ ନିର୍ବାଚିତ ।
କେହି କେହି କହନ୍ତି ନାନୁ'ନାଙ୍କର ଭାରି ହାତ
ଆସେମ୍ଲି ପାର୍ଲାମେଣ୍ଟ ଶାସକ ଓ ବିରୋଧୀଦଳରେ

ସବୁରେ ମାରି ପଶିଯାନ୍ତି ଗାଁ ଗଣ୍ଡା ସହର ସହର
କୋଉଥିରେ ନଥାନ୍ତି ସେ ?
ଇଲେକ୍‌ସନରେ, ସାହିଯାତରେ ଚନ୍ଦନ ମେଳରେ
ପ୍ରଜାପତିଙ୍କ ଫେଣାରେ ନାଗସାପଙ୍କ ଡେଣାରେ;
କାଢ଼ି ପାରନ୍ତି କଣା ପକେଟ୍‌ରୁ ଯାଦୁକର ପରି
ମହମ୍ମଦ ରଫି କିଶୋର ତଲତ ମେହମ୍ମୁଦ ପଙ୍କଜ ଉଦ୍ଧାସଠୁ
ଅକ୍ଷୟ ମହାନ୍ତି ଓ ପ୍ରଫୁଲ୍ଲକର,
ତିନି ମିନିଟ୍‌କେ ଚିତ୍ କରିଦିଅନ୍ତି ନିଜକୁ
ଶୋଧି ଶୋଧି ଶରଧାବାଲିରେ କେବେ ବଳିଆ ପଣ୍ଡାରେ
ପିଲାଙ୍କୁ ଦେଖାନ୍ତି ଆଖି କାନ ଅମିତାଭ ବଚ୍ଚନ
କମ୍ପେଇ ଦିଅନ୍ତି ରଙ୍ଗଭୂମିଠୁ ରଣଭୂମି ବିନା ବନ୍ଧୁକରେ ।

ଦିନେ ଦିନେ ଅଥଚ ଅଦ୍ଭୁତ !
ନାନୁ'ନା କାନ୍ଦନ୍ତି କୁଣ୍ଢେଇ ଖାଲି ପୋଷ୍ଟ ବାକ୍ସକୁ
ଚିରା ପ୍ରେମପତ୍ର ସବୁ ବୋହି ଆଣନ୍ତି ଟୋକେଇ ଟୋକେଇ
ଡଷ୍ଟବିନ୍‌ରୁ ଖତ ଗଦାରୁ ସୁଅର ଖର ମୁହଁରୁ,
କ୍ୟାଲେଣ୍ଡର କରି ଟାଙ୍ଗନ୍ତି କିଣି ଧଳା ସାର୍ଟ
ଛକ ଛାତ ନ୍ୟୁୟର୍କ ମସ୍କୋ ନୂଆଦିଲ୍ଲୀମାନଙ୍କରେ
ଓ ଝୁଲେଇ ଦିଅନ୍ତି ଖିଏ ସୂତାରେ ପୃଥ୍ୱୀ-ମାନଚିତ୍ର ।

ଦିନେ
ବାୟାବସାସବୁ ଝଡ଼ି ପଡୁଥିଲା ବେଳେ
ସପ୍ତଫେଣୀ କଣ୍ଟାରେ,
କୁଆମାନେ ଖୁଣ୍‌ବେଳେ ନିରବତାର ଗୁଳିରେ
ମୁଁ ପହଞ୍ଚେ ଓ ଡାକେ ପୋକଡ଼ା ସିଂହଦ୍ୱାରରେ-
ଉତ୍ତର ମିଳେ : ଘରେ ନାହାନ୍ତି ଇଏ
ଏଇଛୁଣା ଗଲେ ଅଜୟ ପ୍ରଧାନ ଆଡ଼େ ॥

■

ଜୋକର

ଘର ଭିତରେ ମୋତେ ମିଶେଇ ପାଞ୍ଚ ।
ତାସ୍ ଖେଳ ଜମେଇବାରେ ଓସ୍ତାଦ୍
ଗୀତ ଗାଇବାକୁ ନାରାଜ,
ବଂଶୀ ଫୁଙ୍କିବାରେ ନମ୍ବର ଓ୍ୱାନ୍
ଖେଳରେ ବେ-ମେଜାଜ୍,
ଅନ୍ୟ ଦି'ଜଣ ଫଟାରସିକ ଓ ପହିଲିଓ୍ୱାନ୍ ।

ଆଜି ନହେଲେ କାଲି ନତୁବା ପଅରଦିନ
ଏଠୁ ହଜିବ, ଚାଲିଯିବ ପ୍ୟାକେଟ୍ ଭିତରୁ କେହି
ଖେଳାଳିଙ୍କ ପରି,
ଏନେଇ, ଅନୁପ୍ରବେଶ ଦର୍କାର ଓ ମୋ ପାଇଁ
'ଖୁବ୍ ଜରୁରୀ' ।

ପ୍ରଥମ ଓ ତୃତୀୟ, ଦ୍ୱିତୀୟ ଓ ଚତୁର୍ଥ ଖେଳାଳି
ପରସ୍ପର ସ୍ନେହାର୍ଦ୍ର
ଯେ କୌଣସି ମୁହଁ ପାଇଁ ଯେମିତି ଦର୍ପଣ,
ଘରଟା ହସ ଖୁସିରେ ଫୁଲିଯାଉଚି ବେଲୁନ ପରି
ଖୁସି ଲାଗିଲା ଦେଖି, ବି ହଏ - ଆଉ ବା କରନ୍ତି କ'ଣ ?

ବର୍ଷା ଥିବା ଯାଁ ସମସ୍ତେ ରହିବେ
ଆକାଶ ପ୍ରସବ କରିଥିବା ପେଟ ପରି ଫାଟି ଫାଟି ଗଲେ
କେ' କୁଆଡ଼େ ଯିବେ, ମୁଁ କିନ୍ତୁ ପଡ଼ିରହିବି
ମାଟି କାମୁଡ଼ି ବଜ୍ରକାପ୍ତା ପରି,
ଓ, ପୁଣି ବର୍ଷାସ୍ରାଏ ପାଇଁ ଧ୍ୟାନମଗ୍ନ ହେବି ??

■

ସଞ୍ଜୁକ୍ତାଙ୍କୁ

ଆଜି ଏତେ ଖାଁ ଖାଁ ଲାଗୁଚି କାଇଁକି ?
ସମୁଦ୍ର ଶୁଖି ଯାଇନି ତ
ବରଂ ନୂଆ ଫୁର୍ତ୍ତିରେ ସ୍ଫୁର୍ତ୍ତିରେ କୁଦୁଚି
ଆକାଶ ବିବର୍ଣ୍ଣ ହୋଇଯାଇନି ତ
ବରଂ ବେଶ୍ ସତେଜ ସୁନୀଳ ଦିଶୁଚି ।

ସୂର୍ଯ୍ୟ ଏକ ଚିରହରିତ ଫୁଲ
ତା ସମ୍ପର୍କରେ କାଇଁକି ଭାବିବି ?
ବିଛାଡ଼ି ପଡ଼ିଥିବା ମୋତିମାନଙ୍କ କଥା ବି ଭାବୁନି,
ପକ୍ଷୀଏ ଯାଉଚନ୍ତି, ଆସୁଚନ୍ତି, ବସା ବାନ୍ଧୁଚନ୍ତି ପୁଣି
ପିଆଲାରେ ଚନ୍ଦ୍ର, କେବେ ଅନ୍ଧାର ଜାଣି ହଉନି ।

ଯୁଦ୍ଧର ଆଶଙ୍କା, ଦୁର୍ଭିକ୍ଷର ଭୟ ନାଇଁ
ରୋଗ ଜରାବ୍ୟାଧି ଶୂନ୍ୟ ସମୟ
ତଥାପି ଏମିତି ଲାଗୁଚି ଯେ କୋଉଠି କିଛି ଘଟୁଚି,
କେହି ଡାକୁଚି ନଦୀ ଭିତର ଡଙ୍ଗାରୁ ଆସୁଥିବା ଗୀତ ପରି
ନିଭୃତ ନିରବ ପୃଥିବୀରେ ପତ୍ର ତେଣୁ ପଡ଼ିଲେ ଢିଙ୍କି ପରି ଶୁଭୁଚି ।

ପୋଷାକ ଓଜନ ଲାଗୁଚି, ବି ଜୋତା
ଆଖିରେ ଜମିଯାଉଚି କୁହୁଡ଼ି, କଣ୍ଠ ରୁଦ୍ଧ
ଯା'ମାନେ ଶିବିର ପଡ଼ିଚି ସୈନ୍ୟ ନାହାନ୍ତି ?

ଘଟଣାକ୍ରମେ ଖବର ମିଳିଚି
ତମର ସ୍ୱୟମ୍ବର ଆହୂତ ହେଇଚି ।
ଅବଗୁଣ୍ଠନ ତଳେ ତମେ ହସିବ ନା କାନ୍ଦିବ ?
କେହି କେହି ପଚାରିବେ ଯଦି ମହାରାଜା କାହାନ୍ତି ?
କି ଉତ୍ତର ଦେବ ସଭାଗୃହ ଦେଖି ?
ବରଣମାଳା କଣ ନିଆଁହୁଳା ହେଇ
ଚକ୍ରାକାରରେ ତମାମ୍ ମହଲ ଘୂରୁଚି ??

ଅନିର୍ଦ୍ଦିଷ୍ଟ ଗତିପଥ ଯା'ର ଭାଗ୍ୟରେଖା
ଅବିଚାର ଯା' ପାଇଁ ପରମ ନିୟତି
ତାକୁ ଖୋଜୁଚ, ଡାକୁଚ ଯିବା ପାଇଁ
ହାତ ଧରି ସମୁଦ୍ର ସେପାରି ?
ଯିବି, ଯିବି ମାନେ ଯିବି ତଲୱାର ସ' ସାହାନାଇ ନେଇ ।

ଶିଶୁପାଳ ନୁହେଁ ବରଂ ବସିପାରେ ଦ୍ୱାରପାଳ ହେଇ,
ସେତେବେଳେ ରାଜକୁମାରୀଙ୍କ ହାତ ତ ଥରିଯିବ ନାଇଁ ??

■

କିମ୍ବଦନ୍ତୀ

ହଠାତ୍ ମନେ ପଡ଼ିଲା କିଶୁ
ଓ କମ୍ବୋଜ୍ ଗିଳି ପ୍ରଶ୍ନ ଚିହ୍ନ ପରି ବସିଥିବା ନାତି କଥା,
ଅନେକ ଦିନହେଲା ଭେଟଭାଟ ନାଇଁ କା' ସ'
ରେଭେନ୍ସା କ୍ୟାମ୍ପସ, ପଞ୍ଚୁଭାଇ ବରା ଛାଡ଼ିବା
ହେଇ ଗଲାଣି କାହିଁ କେତେବର୍ଷ ।

ଏବେ ଜବର ଦଖଲ ଉଚ୍ଛେଦ କାର୍ଯ୍ୟକ୍ରମ ବେଳେ
ଥିବ ତ କିଶୁର ପାନ ଦୋକାନ
ନାତିର କାନ ??
ଏକଥା ପଚାରିବି ପଚାରିବି ହେଇ
ମୁଁ ପହଞ୍ଚିଯାଏ ଷ୍ଟେସନ ।

ଦେଖିବାକୁ ଗଲେ ମୋର କାମ କଣ ?
ଖାଲି ଟିକେ ଦେଖା ଚାଁ, ବାତ୍‌ଚିତ୍
ଦେବ ଦା' ଦାସ ଦା' ଖୋକା'ଇ ସ'-
କିଶୁ ହସି ଦଉଥିବ ଗୁଆ କାଟୁ କାଟୁ
ନାତି ମୁଣ୍ଡ ହଲେଇ କହୁଥିବ ସାବାସ ସାବାସ !

ଏମ୍ତି ହେଇଚି :
ବେଳେ ବେଳେ ଗୀତ ଜମୁ ଜମୁ ସକାଳ
ବେଳେ ବେଳେ ସକାଳ ହୁଏ ରାତି ଅଧ

ବେଳେ ବେଳେ ନାତି ମନକୁ ଖୋକା'ଇ ଯାଉନଥିବ
ଇମାନଦାର୍‌କୁ କଦର୍ କରିବା ଭଙ୍ଗୀରେ
'ହେଲାନି ହେଲାନି ଭାଇ' ଏକାଦିକ୍ରମେ ଶୁଭୁଥିବ ।

ମୋଟା ମୋଟି ଆସର ଜମୁଥିଲା ବୋଲି
ଆମ୍ଭ ମନ ଯାଇ ସେଇଠି ଠିରିକି ଥିଲା
ଛାଡ଼ ହୋ-କିଏ ଆଉ କୁଆଡ଼େ ଯାଉଚି ବା
ଏଇଠୁ ପାନ ଖଣ୍ଡେ ଦି ଖଣ୍ଡ ପକେଟ୍‌ରେ ଧରିବା
ଖଣ୍ଟି ଓଡ଼ିଆରେ କିଏ ଗୋଟେ ସୁର୍ ମେଲେଇଚି, ଶୁଣିଦବା ।

କଥା କଣ କି ଯିବାଠୁ ଥିବାଟା ବଡ଼ କଥା ଏ ଖରାରେ
ବୁଝିବା ବି ଦର୍କାର, କଟକ ଏବେ ଅଛି ନା ନାଇଁ କଟକରେ ?

■

ବଇଦା'ନା

ମାର୍କଣ୍ଡ ପାଚେରିରେ ଚାଲି ଚାଲି
ଜହ୍ନକୁ ଅଧୁଲି ଭାବି ଚାହୁଁଚି କିମିତି !
ମଣିଆ, ଗଳି ପଡ଼ିବୁ ଚାରି ପାଞ୍ଚିରୁ ଯିବୁ, ହୁସିଆର୍
ପିଲାବୋଲି ମାକ୍ ଦେଢ଼ ଆଙ୍ଗୁଠିଏ, ଦିମାକ୍ ଦେଖ୍
ଗୋଶାଳାରୁ କ୍ଷୀର ଆଣିବା ପିଲା ମାଙ୍କଡ଼ ଖେଳ ଚଳେଇଚି
ବାଆ ସିଆଡ଼େ ଖୋଜୁଥିବ, ମାଆ ସୁକୁ ସୁକୁ ହବଣି
ସର୍କସ୍ ଚଳେଇଚି ଇଠି ବଦମାସ୍, ଉଃ ପୁଣି ବାତେନି କରୁଚି ।

ହଇରେ ମଣି ମିଶ୍ର ପୁଅ ତୁ !!
ଆ'ଆ, ୟାଡିକି ଆ
କୃଷ୍ଣ-ହସ ଟିକେ ହସ୍, ଲଡ୍ଡୁ ଗୋଟେ ଲେ ଚଲା
ନନାକୁ କହିବୁ ମୁଁ ବଇଦାନା କହିଚି ଯିବ ଜାଗାକୁ
ସଞ୍ଜରେ ରୋଷେଇ କାଲି ଯାତେରା
ହାଁ ଶୁଣ୍ - ପାଚେରିରୁ ଓହ୍ଲା, ରାସ୍ତାରେ ଯା' ଘରକୁ ।

ଟୋକା, ରାସ କରୁଚୁ ପରା ନାଟ କରୁଚୁ ପରା !
ଭଲ ଭଲ, (ଯ୍ୟେସା ବାପ୍ ତ୍ୟେସା ବେଟା)
ପାଠଫାଠ ପଢୁଚୁ ? ପଢ଼୍ ପଢ଼୍ - ସଂସାର ୟାପ ଯା' ହେଲାଣି
ହଇରେ ମଣି ଗୀତ ଗାଉଚୁ ? ପଖଉଜ ଶୁଣୁଚୁଯେ ??
ହଉ ଯା' ଯା' ଅନ୍ଧାର ଆଇଲାଣି ।

ତୋ ଗୋସ'ଜା ଆଉ ମୋ- 'ଜା ଥିଲେ ସାଙ୍ଗୀ
ଘରୁଆ ଆମେ, ବୁଝିଲୁ ? ଟିକେ ଚଙ୍ଗଡ୍ ଥା-
ଗାଡି ଚଲାଯେ ରାସ୍ତା ସାଫ୍‌ଅଛି ନା ନାଇଁ ନଜର ଚଲା
ବୁଝିଲୁ ଧନ,
ଫୁଟବଲ ଖେଲ୍ ନାଟତାମସା କର୍, ମନା ନାଇଁ
ଇରେ
ତୁ ମଣିମିଶ୍ର ପୁଅ, ତୋର ଗୋଟେ ପରବାୟ କଣ !

କିରେ! କାନ୍ଦୁଚୁ କ୍ୟାଁ ? ଅଧୁଲି ହଜେଇଚୁ??
କହୁନୁ ୟାପ, ୟେ ଗୋଟେ କଥା- ନେ' ଧ' ଯା'-
ଇରେ ନନାକୁ କହିବୁ, ମନେ ରହିଲାଟି ? ନା ଖାଲି ମୁଣ୍ଡ ଟୁଙ୍ଗାରୁଚୁ???

■

ମ୍ଲେଛ

ମାସୀର୍‌ବାଡି ଚା' ଟିକେ ହଉ,
ସିଗାରେଟ୍‌ରେ କି ହାଣ୍ଡିରେ କଲି ଟିକେ
ବାକୁଲି ପାନଟେ, ହଉ ମ ହଉ
ମହାପ୍ରୁ କଣ ସଦାବେଳେ ଆଉଚନ୍ତି ଏଠିକି
ବରଷକେ ଥରେ ନାଇଁ ତ ମୁହଁମାଡ଼ି ପଡ଼ିଥାଉ ।

ଏଇନେ ପଡ଼ିଆ ଦାଣ୍ଡ, ଗହଳି ଆସିବ କାହୁଁ ?
ଏଇ ପୁଞ୍ଜେ ଦି' ପୁଞ୍ଜା ଲୋକ
ଯାତ୍ରା ଦାଣ୍ଡରେ ସିନା ଖେଳ, ଫୁର୍ସତ ମିଳିବାର ନାଇଁ
ମାସକେ ବର୍ଷକର ରୋଜଗାର, ବୁଝିଲେ ?
ପଇସା ଦିଆ ମାଉଁସ ଖିଆ, ନାଇଁ ତ ଟୁଆଁଟୁଇଁ ।

ଘରକଥା ପଚାରୁଚନ୍ତି କାଇଁକି,
ବଡଟା ମାକ୍ ଶିଳ ଖୋଜିଲାଣି ଆଠ ବର୍ଷରେ
ସାନଟା କୁତୁ କୁତୁ ହଉଚି
ରଂଗ୍ ବେରଙ୍ଗ୍ ଦୁନିଆ ଇଏ ଆଜି ପାଞ୍ଚ୍ ତ କାଲି ସାତ୍
ରେଟ୍ ସାଙ୍ଗେ ଆଙ୍କା ବେଗ୍‌ର ନଢ଼େଇ ନାଗିଚି !

ଫି' ବର୍ଷ ଏ ଶୀତରେ ଚଢ଼େଇ ଖେଦେ ପଡ଼ନ୍ତି
ଦୁଇ ଜାଗାରେ ଦଶ୍ ଭିଡ଼ି ହୋଇଯାଏ
ଗଲାମାସରେ ମୋର ଯୋଉ ଅପରେସନ୍ ହେଲା ହାର୍ଣ୍ଣିଆ

ସେଇଠୁ ଜାଣ ଦବିଗଲା ମଣିଷ
ନ ହେଲେ ମୋ ନାଁ ମିଛରେ କଣ ଟାଉନ ଡାକ୍ : କାଳିଆ !
ଭାଇ ଏଇନେ ଜାଣ ସଂସାର ଚଳଉଚି
ମାଈ ନଗା ହେଇନି, ଚାଲିଚି ଚାଲିଚି
ମୁଁ ଫେଣ୍ ରେଡ଼ି ହେଇ ଯିବିନି କି ?
ଟୋକାଟା ବି ଦାଣ୍ଡକୁ, ବର୍ଷେ ଦି' ବର୍ଷରେ ବାହାରି ପଡ଼ିବ
ଏମ୍ତି ଚାଲିଚି, ଘଣ୍ଟେ ଦି' ଘଣ୍ଟା ମେଳରେ ନ କଟେଇଲେ କୋଉ ହଉଚି !

ଆପଣ ମହାପ୍ରୁ ଖୁସିରେ ଥା'ନ୍ତୁ, ଠାକୁରେ ହାତ ଟେକିଥାନ୍ତୁ କାଳେ କାଳେ
ଏ କଣ ଆଜ୍ଞା, ନୋଟ କାଢୁଚନ୍ତି ! ମାର୍କଣ୍ଡ କୂଳ ଭଣ୍ଡାରି ଭାବିଲେ ??

■

କାବ୍ୟ ନାୟକ

ବହିଟା ବାହାରିଯିବ ଆସନ୍ତା ମାସରେ
ସବୁ ସରିଲାଣି: ଛପା, ବନ୍ଧେଇ କଭର ପେଜ୍
ଫଟୋଗ୍ରାଫ୍‌ରେ ମିଶେଇଚି ଗୋଟେ ଆର୍ଟ-ଜମିଚି
କାଗଜଟା ହେଲାନି, କଣ କରିବା ?
ସବୁ ଯେ ଠିକ୍ ହବ ସବୁବେଳେ ଏମ୍‌ତି କଥା ନାଇଁ କିଛି ।

ଭଲ କବିତାମାନେ ଭଲ କବିତା - ଅବଶ୍ୟ ଭଲ କଣ
କହିବା ମୁସ୍କିଲ୍, ତଥାପି ଭଲ ନିଶ୍ଚୟ ଅନେକ
ଇଏ ସବୁ ଚିହ୍ନା ଜଣା ପତ୍ରିକାରେ ପ୍ରକାଶ ପାଇଚି
ମୋର ମନେ ହଉଚି ଯାହା ଲେଖିବାର ଥିଲା ସରିଚି
ତଥାପି ଏତେ ଏତେ ବର୍ଷ କଣ ଲେଖୁଚି ?

ବହିଟା ରିଲିଜ୍ ହେଲାପରେ ଯାଇ ଯା'
ଲେଖିବା ଯେମ୍‌ତି କଷ୍ଟ ତତୋଽଧିକ ବହିଟେ କରିବା
ଗଲା କେତେ ବର୍ଷ ଯଦି ଖର୍ଚ୍ଚ ହେଇଥାଏ ଅନ୍ୟମନସ୍କତାରେ
ଅନ୍ତତଃ କହିହବ ଯେ ବେକାର୍ ଯାଇନି ସେସବୁ
ଜୀବନ ମିଳେ ଓ ମିଳିଚି ଜୀବନ ବିନିମୟରେ ।

ମୋର ରକ୍ତ ଶୂନ୍ୟତା ତଥା ଦୃଷ୍ଟିହୀନତା ଠିକ୍ ଏଇ କାରଣରୁ
ପୁଣି ବାପାଙ୍କ ହାର୍ଟଆଟାକ୍ ବୋଉର କଲିକ୍ ସ୍ତ୍ରୀର ରିଉମାଟିଜମ୍
ଇତ୍ୟାଦି- ଏଗୁଡ଼ାକ ଘର କଥା, ଘରେ ଥାଉ

ବରଂ ବୋମାରେ, ରେଳ ଦୁର୍ଘଟଣାରେ ବନ୍ୟା ବା ଦୁର୍ଭିକ୍ଷରେ
ଆହତ ନିହତ ବ୍ୟକ୍ତିଙ୍କ କଥା କବିତାରେ ଶୁଣାଯାଉ ।
ଅବଶ୍ୟ ମୁଁ ଗୋଟେ କାତୁଆ ନୁହଁ, ସବୁଥିକୁ ନିଅଣ୍ଟ
ହେଇତ ଆଗେ ଆଗେ ଯାଉଥିବା ଝିଅଟିକୁ ଉଠେଇନେଲେ ପଞ୍ଚେ
ପାଖାପାଖି ଚାଲୁଥିବା ସ୍ତ୍ରୀଟିର ଗହଣାମାରଣ ହେଲା
ଗୁଣ୍ଡାଙ୍କ ଦୌରାତ୍ମ୍ୟରେ ନାବାଳିକା ଗର୍ଭବତୀ ଓ ପଡ଼ୋଶୀ ଘର ଛାଡ଼ିଲେ
ଦେଖିଲି ଶୁଣିଲି କହିଲି କିନ୍ତୁ କଣ ଫଳିଲା ?

ଏସବୁରେ ମୁଣ୍ଡ ଖେଳଇବା ଅର୍ଥ
ବିପଦକୁ ହ୍ୱିସିଲ୍ ମାରି ଡାକିବା, ନା ?
ବରଂ ସ୍କାମ୍ ଆଉ ସ୍କିମ୍ ଭିତରେ ଖସିଗଲେ ଯାଏ
ଜନ୍ମ ନିୟନ୍ତ୍ରଣ ପରେ ପେଟ ପୂରିଯାଉଥିବା ଦେଶ : ଭାରତ ବର୍ଷ
ହସି ହସି କହି ହସେଇ ଦେଲେ ଯାଏ ।

ମୁଣ୍ଡ ପୋତି ଦେଲେ ଝଡ଼ ପାର୍ ହୋଇଯିବ
କିଛି କଥା ନାଇଁ, (ଦାନ୍ତ ନିକୁଟି ଦେଲେ ଯାଏ)-
ଆର ମାସରେ ବହିଟା ବଜାରକୁ ଆସିଗଲେ
ଜାଣିଯିବନି କି
ପାଉଁଶ ତଳେ ନିଆଁ ଥାଏ କି ନ ଥାଏ ??

ମାନିକ୍ ଦା'

ମାନିକ୍ ଦା' ହୃଦ୍‌ରୋଗରେ ଚାଲିଗଲେ ।
କି ବଢ଼ିଆ ମଣିଷ !
ସମ୍ବାଦ କହିଲା ଟି.ଭି.ରେ
ରେଡ଼ିଓ ବନ୍ଦ କଲା ଚିରାଚରିତ କାର୍ଯ୍ୟକ୍ରମ
ସମ୍ବାଦପତ୍ରମାନେ ଶ୍ରଦ୍ଧାଞ୍ଜଳି ଦେଲେ
ଶୂନ୍ୟସ୍ଥାନ ମାନଙ୍କରେ, ବି ପତ୍ରିକାମାନେ
ରାଷ୍ଟ୍ରପତି ତଥା ମୁଖ୍ୟମାନେ ଗଭୀରଭାବେ
ମର୍ମାହତ ହେଲେ ପ୍ରକାଶ ଓ ପ୍ରଚାର ମାଧ୍ୟମରେ
ମାନିକ୍ ଦା'ଙ୍କୁ ମାନ୍‌ତେ ପଡ଼ିବ,
ସତରେ !

ସେ ବହୁତ୍ ପୁରସ୍କାର ଫୁରସ୍କାର ପାଇଥିଲେ ମ
ଯେତିକି ଦେଶରୁ ସେତିକି ବିଦେଶରୁ,
ଲିଜନ ଅବ୍ ଅନ୍‌ର, ଭାରତରତ୍ନ, ଓସ୍‌କାର, ସାର୍
ଏମ୍‌ତି ଏମ୍‌ତି କେତେ କ'ଣ;
ଥରେ ଆସି ନ ଥିଲେ ଓଡ଼ିଶା ?
(କଟକରେ ଯେତେବେଳେ ଖୁବ୍ ଡାଆଁଶ ମଶା)
ସେତେବେଳେ କମ୍ପ୍ୟୁଟର ସର୍କସ ପଡ଼ିଥିଲା
କିଲ୍ଲା ପଡ଼ିଆରେ, ରୋବଟ୍‌ଟେ ଫୁଲମାଳ ପିନ୍ଧେଇ ନ ଥିଲା !
ଠିକ୍ ସେଇବର୍ଷ ଦୁର୍ଭିକ୍ଷ ଓ ବନ୍ୟା ଲୋକଙ୍କର
ବେକ ଶଣ୍ଢା ଭାଙ୍ଗି ଦେଇ ନଥିଲା !!

ଅବଶ୍ୟ ଫି ବର୍ଷ ଦୁର୍ଭିକ୍ଷ ଆଉ ବନ୍ୟା ଲାଗିଚି
ଫି ବର୍ଷ ଲଞ୍ଜାତାରା ବି ପଡୁଚି,
ତଥାପି ଗହଳି କୋଉ କମ୍ ଅଛି ?

ହଉ ହଉ ଥାଉ, କୋଉ କଥାରୁ କଣ ମିଳୁଚି
ଏଇ ମାନିକ୍ ଦା' ଲୋକଟା କିନ୍ତୁ କିଏ, ଜାଇଁଲଟି ??

■

ମନମୋହିନୀ

କଣ ହେଇଚି କହିଲେ !
ଅଇଁଠା, ପାଣିଖିଆ ନା କୋଲସନ୍ଧା ନା ଆଉକିଛି ?
ହୁଏତ ଆପଣ ସଭାରେ ବସିଥିବେ
କି ସିନେମା ଯାଇଥିବେ ଶାଳୀ ସାଙ୍ଗରେ
ଯଦି ଆରମ୍ଭ ହେଲା ସଲିବା, କଣ କରିବେ ?

ଧରନ୍ତୁ ବା ଆପଣ ପୀରତି ଚଲେଇଛନ୍ତି,
ଯାଉଛନ୍ତି, କୋଉ ଦୂରଜାଗାକୁ ବସ୍‌ରେ କି ଟ୍ରେନ୍‌ରେ
କୋଉଠି ସୁବିଧା ମିଳୁ ନଥିବ ଟିକେ ରାମ୍ପି ହେବାକୁ
ଧରନ୍ତୁ ଅଫିସର ସାମ୍ନାରେ ଫାଇଲ ଖୋଲି ବୁଝଉଛନ୍ତି
କୌଣସି ଗୁରୁତର ଘଟଣାର,
ଧରନ୍ତୁ କୌଣସି ମଞ୍ଚରେ ଆପଣ କଳାକାର ବା ଅତିଥି
ଏମିତି ନ ହେଲା ତ କିଛି
ଧରନ୍ତୁ ଖାଲି ବସି ରହି କିଛି ଚିନ୍ତା କରୁଛନ୍ତି
ସେତିକି ବେଳେ କଣ କରିବେ ଯଦି ଆରମ୍ଭ ହୁଏ
ଏମିତି ଲଜ୍ଜାକର ପରିସ୍ଥିତି ??

ଲୁଚେଇଲେ ଯେତେ ବି ଗୋଡ଼ ଦି'ଟା ଦିଶିବ ନା ନାଇଁ
ସୁଉକିରୁ ଅଧୁଲି, ଅଧୁଲିରୁ ଟଙ୍କେ ହବ ସିନା !
ଖସିବେ କୁଆଡ଼େ ? ବରଂ ବେଳହୁଁ ସାବଧାନ ହୁଅନ୍ତୁ,
ଯେ ଆଜ୍ଞା ଗାଲୁ ଗୁମାନ କଥା ନୁହେଁ
ହସି ଉଡ଼େଇ ଦିଅନ୍ତୁ ନି,
ଠିକ୍ ବେଳେରେ ଭାବିବେ ଯେ ଆମକୁ ।

ବୁଝିଲେ ? ନା ନାଇଁ ??
ମାତ୍ର ପାଞ୍ଚ ଟଙ୍କାରେ ଏ ଗ୍ୟାରେଣ୍ଟିମାଲ୍ ଆଜ୍ଞା
ଦି' ଦିନକେ ସାଫ୍, ନ ହେଲାତ ପଇସା ଫେରସ୍ତ
ଆଜ୍ଞା ! କଣ କହିଲେ ?
ଆପଣ କୁଣ୍ଡେଇ କୁଣ୍ଡେଇ ରକ୍ତାକ୍ତ ??

■

କହୁ କହୁ....

କବିତାର ଇତିହାସ ହେଉଚି ଭାଷାର ଇତିହାସ । କେହି କେହି ମନେ କରନ୍ତି ସାଧାରଣ ଲୋକ ଯୋଉ ଭାଷା ବ୍ୟବହାର କରନ୍ତି ସେଇ ଭାଷାରେ କବିତା ଲେଖାଯିବା ଉଚିତ୍, ଅବଶ୍ୟ ତା ନିର୍ବାଚିତ ହେବା ବିଧେୟ । ପ୍ରକୃତରେ, ସାଧାରଣ ଲୋକ କି ପ୍ରକାର ଭାଷା ବ୍ୟବହାର କରନ୍ତି ? ସାଧୁ ଭାଷାର ପ୍ରୟୋଗ ପରିବର୍ତ୍ତେ ସରଳ ଭାଷା ବ୍ୟବହାର କରିବା ଅର୍ଥ ନୁହେଁ ଯେ ସାଧାରଣ ଲୋକଙ୍କର ଭାଷା ବ୍ୟବହାର କରିବା । ମୌଖିକ ବା କଥିତ ଭାଷା ସାହିତ୍ୟ ଜଗତରେ, ବିଶେଷ କରି କବିତା କ୍ଷେତ୍ରରେ ଅପାଙ୍‌କ୍ତେୟ ମନେ ହେଇଛି । ସାଧାରଣ ଭାବେ ଧାରଣା କରି ନିଆଯାଏ ଯେ ଏହା ଅମାର୍ଜିତ; ତେଣୁ ବର୍ଜନୀୟ । କିନ୍ତୁ ଯେ କୌଣସି ଭାଷା ନିର୍ବାଚିତ ହେଇଗଲେ କବିତାର ଭାଷା ହେଇଯାଏ ନାହିଁ; ପରନ୍ତୁ ଯେ କୌଣସି ଭାଷା ମାର୍ଜିତ ରୂପ ନେଲେ କବିତାର ଭାଷା ହେଇପାରିବ । ସବୁ ଶବ୍ଦ କବିତାର ।

କଥିତ ଭାଷାର ପ୍ରୟୋଗ ଆମ କାବ୍ୟ ସାହିତ୍ୟ ପରମ୍ପରାରେ ଯଥେଷ୍ଟ ନ ଥିଲେ ମଧ୍ୟ କଥନ ରୀତିଟି ସ୍ପଷ୍ଟ ବିଦ୍ୟମାନ । ସାରଳାଙ୍କ ମହାଭାରତରେ କଥନ ରୀତି ସହ କାବ୍ୟରୀତିର ସଫଳ ସମନ୍ୱୟ ଘଟିଛି ଏବଂ ଆମର ପ୍ରାୟ ପାଞ୍ଚଶହ ବର୍ଷର କାବ୍ୟ ଇତିହାସ ଉଣା ଅଧିକେ ଏହାରି ଦ୍ୱାରା

ସଂକ୍ରମିତ । ଅକ୍ଷରକ୍ରମରେ ସଜା ହୋଇଥିଲେ ମଧ୍ୟ ଜଗନ୍ନାଥଙ୍କ 'ଭାଗବତ' ଏଇ ଦୃଷ୍ଟିରୁ ବେଶ୍ ସଫଳ । ସାରଳା ଯୋଉ ଭାଷାକୁ ଅସ୍ତ୍ର କରିଥିଲେ, ବଳରାମ ତାକୁ ବ୍ୟବହାରିକ ଅବସ୍ଥାକୁ ନେଇ ଆସିଲେ । ଯୋଉଟି କଳ୍ପଲୋକରେ ଥିଲା ତାହା ଓହ୍ଲାଇ ଆସିଲା ନିତ୍ୟ ପରିଚିତ ପରିବେଶକୁ । କବି ସୂର୍ଯ୍ୟଙ୍କ 'କିଶୋର ଚନ୍ଦ୍ରାନନ୍ଦ ଚମ୍ପୂ', ଲିଖିତ ଓ କଥିତ ଭାଷାର ମିଶ୍ର ପ୍ରକ୍ରିୟାର ଏକ ବିସ୍ମୟ । ରାଧାନାଥ ପରେ ଆଣିଲେ ଲାବଣ୍ୟ କିନ୍ତୁ ନନ୍ଦ କିଶୋର ଦେଲେ ଯାହା ଏଯାବତ୍ ଅପାଙ୍କ୍ତେୟ ବୋଲି ମନେ ହେଉଥିଲା, ଲୋକଭାଷା-ର ପ୍ରୟୋଗ ବିଧି । ତେବେ, ସାରଳାଙ୍କ ଠାରୁ ଗଡ଼ି ଆସୁଥିବା 'ଗତି' ଯାହା ବେଗଗାମୀ ଭାଷାରୁ ଉତ୍ପନ୍ନ ଏବଂ ଯାହା ବଳରାମ, ଜଗନ୍ନାଥ, ବଳଦେବଙ୍କ ଭିତରେ ସଞ୍ଚରିତ ଓ ସଂରକ୍ଷିତ ହୋଇଥିଲା ତାହା ଉପେନ୍ଦ୍ରଙ୍କ ରୀତିମୟ ବର୍ଣ୍ଣବିଭାରେ ପ୍ରତିହତ ହୋଇଯାଇଥିଲା। ଅନେକ ପରେ ଗୋଦାବରୀଶ ମହାପାତ୍ର ସେହି 'ଗତି'ର ପୁନୋର୍ଦ୍ଧାର କରିଥିଲେ କିନ୍ତୁ ଏହା ସହ ଅଧିକ 'ଶକ୍ତି' ସଚ୍ଚି ରାଉତରାୟ ସଂଯୋଜିତ କରିଥିଲେ । ଭାଷାଗତ କୌଶଳ ଯଥେଷ୍ଟ ଆଖି ଦୃଶିଆ ହୋଇଥିଲେ ମଧ୍ୟ ଭାଗବତ ଦୃଷ୍ଟିରୁ ଭୀମହୋଇ ହିଁ ବେଶୀ ନିକଟତର, ଅନ୍ୟନ୍ୟ ଓ ଏକକ ମନେ ହୁଅନ୍ତି ।

ତେବେ, ସଚ୍ଚି ରାଉତରାୟଙ୍କ ଦ୍ୱାରା କାବ୍ୟରୀତି ସହ କଥନ ରୀତିର ସହାବସ୍ଥାନ ଓ ଗତି ଉଭୟ ପରମ୍ପରା ସହ ପୁନଃ ସଂଯୋଜିତ ହୁଏ ଏବଂ ସର୍ବାଧିକ 'ଗତି'ବାନ୍ କବି ଭାବରେ ସେ ପ୍ରତିଷ୍ଠା କରନ୍ତି ନିଜକୁ 'ବାଜିରାଉତ' ଜରିଆରେ । ପରେ 'ପାଣ୍ଡୁଲିପି' ଓ 'କବିତା-୧୯୬୨ରେ ସେ ଆଣନ୍ତି ଇଲିଅଟୀୟ ଜଟିଳ କାବ୍ୟକୌଶଳ ଏବଂ ବିଶ୍ୱ କବିତା ସହ ଓଡ଼ିଆ କବିତାର ସମନ୍ୱୟୀ ପରମ୍ପରା, ଯାହା ପରବର୍ତ୍ତୀ ସମୟରେ ଅନେକ କବିଙ୍କୁ ତାଙ୍କ ସହ ସାମିଲ କଲା । ଆମ କାବ୍ୟ ପରମ୍ପରାଟି ଯେହେତୁ କଥନ ବା ବାକ୍‌ରୀତି ସହ ବିଶେଷ ସମ୍ପର୍କିତ ସେଇଥିପାଇଁ କହିବା ଜରୁରୀ ହୋଇପଡୁଚି ଯେ ଧ୍ୱନି ବେଗ ହିଁ ଭାଷାର ପରିବେଶ । ଧ୍ୱନିକୁ ନେଇ ଛନ୍ଦ ଓ ଧ୍ୱନି, ସ୍ୱର ଏବଂ ନିଃଶ୍ୱାସକୁ ନେଇ । ବାକ୍‌ରୀତିରେ ଲେଖାଯାଉଥିବା କବିତାଗୁଡ଼ିକ ଏଇ ଦୃଷ୍ଟିରୁ ହିଁ ମୁଖ୍ୟତଃ ପରସ୍ପରଠାରୁ ଭିନ୍ନ ଏବଂ ସ୍ୱୟଂସମ୍ପୂର୍ଣ୍ଣ । ଧ୍ୱନି ବିନ୍ୟାସ ହିଁ ବାକ୍‌ଚର୍ଯ୍ୟା । ସେଇଥିପାଇଁ ଯେ କୌଣସି କବିତା ଭିତରେ ପଶିବା ପୂର୍ବରୁ କାବ୍ୟ ନାୟକର ପ୍ରକୃତି ଓ ପରିବେଶ, ଶ୍ରୋତାର ଶ୍ରେଣୀ ତଥା ଶବ୍ଦ ସଂଯୋଜନା ଓ ତହିଁରୁ ନିଷ୍ପନ୍ନ ହେଉଥିବା ତାଳ ଓ ଲୟ ପ୍ରତି ଦୃଷ୍ଟି ଦେବା ଆବଶ୍ୟକ। ଏତଦ୍‌ବ୍ୟତୀତ କବିତା ପଠନ ସମୟରେ ରୂପ ସଜ୍ଜାଟିକୁ ମଧ୍ୟ ଦେଖିବାକୁ ହେବ । ଏହା ଭିତରେ ଥିବା କମା, କୋଲେନ୍, ସେମିକୋଲେନ୍, ହାଇଫେନ୍, ଏପରିକି ଶବ୍ଦ ଆଉ ଶବ୍ଦଙ୍କ ଭିତରେ

ଲୁଚିଥିବା ଦୂରତ୍ୱ (Space) କୁ ଚିହ୍ନଟ କରିବା ସର୍ବାଦୌ ଜରୁରୀ । କାରଣ ଏଇମାନେ ହିଁ ବାକ୍ ରୀତ୍ୟାଶ୍ରୟୀ କବିମାନଙ୍କର ଅମୋଘ ଅସ୍ତ୍ର । ସେମାନଙ୍କର ନିଃଶ୍ୱାସର କ୍ରମପତନ ହିଁ କବିତାର ଛନ୍ଦ ଏବଂ ଯାହି ଭିତରୁ ଜାତ ହୁଏ ଭାବ ଓ ଅର୍ଥ । ନଚେତ୍ ଅନେକ କବି ଓ କବିତା ଅନ୍ଧଙ୍କ ହାତୀଦେଖା ପରି ହେବା ସ୍ୱାଭାବିକ । ଜଣେ କବିର ସ୍ୱାତନ୍ତ୍ର୍ୟ ସେଇଠି ଓ ସେତିକିବେଳେ ଯେତେବେଳେ କାବ୍ୟ କୌଶଳ ଓ କାବ୍ୟ ଦୃଷ୍ଟି, ଉଭୟଙ୍କୁ, ସେ ପରମ୍ପରା ଠାରୁ ବିଚ୍ଛିନ୍ନ କରେ କୌଣସି ଏକ ସମୟରେ ପରମ୍ପରା ସହ ସାମିଲ ହୋଇଯିବା ପାଇଁ ।

ମୂଳକଥାଟି ସହ ଆଉ ଗୋଟିଏ କଥା ମନକୁ ଆସେ, ତା ହେଲା : ଭାଷାର ସମ୍ବାଦଶୀଳତା (Communication) । ବସ୍ତୁତଃ, ଏହା ସହ ରହିଛି ସ୍ୱୟଂ ଲେଖକର ମୁକ୍ତ ଓ ସ୍ୱଚ୍ଛନ୍ଦ ପରିପ୍ରକାଶ । ଲେଖକ ନିଜକୁ ଯୋଉ ଭାଷାରେ ମୁକ୍ତ କରିପାରେ ସେଇ ଭାଷାରେ ହିଁ କହିବା ଉଚିତ୍ । ନିଜକୁ ଅର୍ଥ ନୁହେଁ 'ଅହଂକାର'କୁ, ନିଜକୁ ଅର୍ଥ ନିଜର ଉପଲବ୍ଧିକୁ । ଉପଲବ୍ଧି ଯେତେବେଳେ ପ୍ରେରଣାଦାୟୀ ହୁଏ (When realisation becomes emotion) ସେତେବେଳେ ଉଚାଙ୍ଗ ଶିଳ୍ପ ସମ୍ଭବ ହୁଏ । ଉପଲବ୍ଧି ଯେତେବେଳେ ପ୍ରେରଣା ଦେବ ସେତେବେଳେ ଭାବକୁ ନିଅଣ୍ଟ ପଡ଼ିବ ନାହିଁ ଭାଷା । ନଚେତ୍, ଭାଷାର ପର୍ଯ୍ୟାପ୍ତ ଅଭାବରୁ କବି ନାନାଦି ଜଟିଳ ଉପାୟ ବା କୌଶଳମାନ ଗ୍ରହଣ କରିବାକୁ ବାଧ୍ୟ ହେବ । ଆମ ପାରିପାର୍ଶ୍ୱିକ ବିଧି ବିଧାନରେ ଉବଲବ୍ଧିକୁ ତରଳାଇ ପାରିଲେ, ସଞ୍ଚାର ବା ସଂଗୃହୀତ କରାଇ ପାରିଲେ ଭାଷାର ସର୍ବାଙ୍ଗୀନ ଉନ୍ନତିର ସମ୍ଭାବନା ବେଶି । କହିବା ବାହୁଲ୍ୟ, କଥିତ ଭାଷାକୁ ଉଜ୍ଜୀବିତ କରାଇ ଏକ ସମ୍ମାନଜନକ ପର୍ଯ୍ୟାୟରେ ସାଇତି ପାରିଲେ ଲିଖିତ ଭାଷାର ଗତି ଓ ଉନ୍ନତି ନିଶ୍ଚୟ; ଅନ୍ୟଥା ପାଞ୍ଚ ଶହ ବର୍ଷର ନିଗଡ ଭିତରେ ବନ୍ଦୀ ଜୀବନଯାପନ କରି ସେଇ ସମ୍ପର୍କରେ ଅରଣ୍ୟରୋଦନ କରିବାର କୌଣସି ଅର୍ଥ ନାହିଁ ।

ବସ୍ତୁ ଜଗତର ବ୍ୟାପକତା, ସାମାଜିକ ଉଶୃଙ୍ଖଳତା, ବିଜ୍ଞାନର ସର୍ବଗ୍ରାସୀ ଦୃଷ୍ଟି, ରାଜନୀତିକ ଭୂମିକା ତଥା ଆଧ୍ୟାତ୍ମିକ, ସାଂସ୍କୃତିକ, ଆର୍ଥନୀତିକ ଘନଘଟା ଓ ଚମକ ଭିତର ଜଣେ ଯାହା ଦେଖୁଛି, ପାଉଛି, ଶୁଣୁଛି, ଅଙ୍ଗେ ନିଭଉଛି ତା'ଠୁ ଅଧିକ ବସ୍ତୁତଃ ଘଟିଚାଲିଛି । ସବୁ ଭଙ୍ଗା ଗଢ଼ା ଭିତରେ ଭାଷା କାହିଁକି ବନ୍ଦୀ ହେବ, ଅଭଙ୍ଗ ରହିବ ?

ଅବଶ୍ୟ, ଏଇଟି ଗୋଟିଏ ପ୍ରଶ୍ନ ଅନେକ ପ୍ରଶ୍ନ ପରି, ଯାହା ସବୁ ସଂସ୍କୃତି ଓ ସଭ୍ୟତାର ଅଂଶ ଓ ନିୟାମକ । କିନ୍ତୁ ପ୍ରଶ୍ନଟି ସେଇଭଳି ହେବା ଉଚିତ୍ ଯାହା ତାଡ଼ନା ଦେବ, ଆଲୋଡ଼ିତ କରିବ ମଣିଷକୁ । ପ୍ରଶ୍ନ ପଚାରି ନିଜେ ଉତ୍ତର ଦେବା କବି ପାଇଁ ବଡ଼ ହାସ୍ୟାସ୍ପଦ ବ୍ୟାପାର । ସମ୍ଭାବନା ନ ଥାଇ କୌଣସି ପ୍ରଶ୍ନ ପଚରାଯିବା ଅନୁଚିତ ।

ପଚରାଗଲେ ପ୍ରଶ୍ନ ଓ ପ୍ରଶ୍ନକର୍ତ୍ତା ଉଭୟ ନିରର୍ଥକ ମନେ ହେବେ । କାରଣ ଆଜିର ପାରିପାର୍ଶ୍ୱିକ ପରିବେଶ ଓ ପରିସ୍ଥିତି ସକଳ ସମ୍ଭାବନାକୁ ଅର୍ଥହୀନ କରିପକେଇବା ଲାଗି ସମର୍ଥ । ଅପରପକ୍ଷେ, ଗଣମାଧ୍ୟମଗୁଡ଼ିକ ମଧ୍ୟ ବ୍ୟକ୍ତି ସଙ୍କଟର ଅନ୍ୟତମ ସହଯୋଗୀ ହୋଇପଡ଼ିଛି । ସୁପର କମ୍ପ୍ୟୁଟର ବା ଇଣ୍ଟରନେଟ୍, ସ୍ପେଶ୍‌ସଟଲ, ଟାଚିଅନ୍ ଯୁଗରେ ନିଜକୁ ଜଣେ ସମର୍ଥ, ସହାୟ ବୋଲି କେତେଦୂର ଘୋଷଣା କରିବ ? ବିଡ଼ମ୍ବନା ହିଁ ତାର ଅଦୃଷ୍ଟ, ସେଇଥି ପାଇଁ ହୁଏତ ଭାଗ୍ୟ ବା ଈଶ୍ୱର ବୋଲି ଗୋଟାଏ 'କଣ'କୁ ସେ ସମ୍ମାନ ଦେଇଚି କିନ୍ତୁ ତାରି ଦ୍ୱାରା ହିଁ ସେ ବେଶି ଉପହସିତ ହେଉଛି । ତ, ଏମାନଙ୍କୁ ସେ ଉପହାସ କରି ପକେଇବା ସ୍ୱାଭାବିକ । ଏ ସାମର୍ଥ୍ୟ ସିସିଫସୀୟ ହୋଇପାରେ, ବିଶ୍ୱାମିତ୍ରୀୟ ହୋଇପାରେ, ହୋଇପାରେ ସୂତପୁତ୍ରୀୟ । ମୃତ୍ୟୁ, ବର୍ତ୍ତମାନ ଆମ ପାଇଁ ବଡ଼କଥା ନୁହେଁ, ଜୀବନ କଣ ତାହା ଜାଣିବା ଲାଗି ଅନାବିଳ ଆଗ୍ରହ ହିଁ ସବୁଠାରୁ ବଡ଼ କଥା । ମୃତ୍ୟୁ ଉପରେ ସହସ୍ର ବର୍ଷ ଧରି ଜୀବନ-ଜୈତ୍ର ଯେ ଫର ଫର !! ଏତିକି କଣ ଆମ ପାଇଁ ଶତେକ ସାନ୍ତ୍ୱନା ନୁହେଁ ? ମଣିଷର ମୌଳିକ ସମସ୍ୟା ଗୁଡ଼ିକ ହିଁ ଜୀବନର ଅସଲ ମାପକାଠି ।

ପ୍ରସଙ୍ଗକ୍ରମେ ଉଲ୍ଲେଖ କରାଯାଇ ପାରେ ଯେ, ସମକାଳର କବିତା ଏକ ଦୀର୍ଘ ପରମ୍ପରାର ଅଂଶ । ସାରଳା ଓ ବଳରାମ ଦାସଙ୍କ କଥକୀୟତା ତଥା ଲୋକ-ସଂଲଗ୍ନତା, ଜଗନ୍ନାଥ ଦାସଙ୍କ ବ୍ୟବହାରିକ ତାତ୍ତ୍ୱିକତା, ବଳଦେବଙ୍କ ଭାଷାର କୁଶଳୀ କାରୀଗରୀତା, ଭୀମ ଭୋଇଙ୍କ ଶ୍ଳାଘା, ନନ୍ଦ କିଶୋର ବଳଙ୍କ ଲୋକ ସଂସ୍କୃତି ପ୍ରବଣତା, ସଚ୍ଚିରାଉତରାୟଙ୍କ ଆୟତନତା (Dimension) ସହ ରମାକାନ୍ତଙ୍କ ସ୍ୱତନ୍ତ୍ର କଳ୍ପଲୋକର ଅଭୀପ୍ସା, ସୀତାକାନ୍ତଙ୍କ ମୃତ୍ତିକା ସଂଲଗ୍ନ ଆବେଗ ମୁଖରତା, ସୌଭାଗ୍ୟଙ୍କ ବାସ୍ତବବାଦୀ ସମ୍ବେଦନା, ରାଜେନ୍ଦ୍ରଙ୍କ ଦ୍ରୋହ, କମଳାକାନ୍ତଙ୍କ ଜୀବନମୁଖୀନତା, ହର ପ୍ରସାଦଙ୍କ ବିମ୍ବବୋଧ, ବ୍ରଜନାଥଙ୍କ ବ୍ୟଙ୍ଗ, ପ୍ରସନ୍ନ ପାଟଶାଣୀଙ୍କ ଆଗ୍ନେୟ ଉଚ୍ଚାଟନ, ହରିହରଙ୍କ ବିଭୋରତା, ଦୁର୍ଗା ଚରଣଙ୍କ ଚୁମ୍ବକୀୟତା, ସରୋଜ ରଞ୍ଜନ ମହାନ୍ତିଙ୍କ ଖେଦ, ବିବେକ ଜେନାଙ୍କ ବିଷାଦବାଦୀତା, ହୃଷିକେଶଙ୍କ ପଲ୍ଲୀତଲ୍ଲୀନତା, ଭଗବାନଙ୍କ ଦାର୍ଶନିକତା, ପ୍ରତିଭାଙ୍କ ନାରୀନିଷ୍ଠତା-ସମକାଳୀନ କବିତାର ଉତ୍ସ । ତେବେ ସବୁ ସମୟରେ ଯେପରି ହୋଇଥାଏ ସମକାଳର କବିତା ତାର ନିଜସ୍ୱ ଗତିପଥ ଆପଣେଇ ନେବା ଉଚିତ୍ । ବାକ୍‌ଛନ୍ଦର ପ୍ରାବଲ୍ୟ ସତ୍ତ୍ୱେ ଏ ଦିଗରେ କୌଣସି ସାହସିକ ପଦକ୍ଷେପ ନିଆଯାଇ ପାରିନାହିଁ । ଦ୍ୱିତୀୟତଃ, ବିଶ୍ୱସ୍ରୋତ ସହ ସାମିଲ ହେବାକୁ ଯାଇ ଆମେ ନିଜର ମାଟି ପାଣି ପବନ ପ୍ରତି ଦୃଷ୍ଟି ଦେଇପାରିନାହୁଁ । ବ୍ୟକ୍ତି ସ୍ୱତନ୍ତ୍ରତା ନାଁରେ ସବୁକିଛି, ହେଉଥିବ ମଧ୍ୟ । ସୋଭିଏତ ଋଷିଆର ପତନ, ଜର୍ମାନର ଏକତ୍ରୀକରଣ, ନେଲସନ୍ ମାଣ୍ଡେଲାଙ୍କ

ବିଜୟ, ତଥା ଇରାକ ଆମେରିକ ଯୁଦ୍ଧ, ଆଫଗାନିସ୍ଥାନ ଜାଇରେରେ ବିଦ୍ରୋହ ଇତ୍ୟାଦି ସହ ରହିଛି ଅନେକ ଶୀର୍ଷ ସମ୍ମିଳନୀ, ଅନେକ ଚୁକ୍ତି, ଅନେକ ଆଶା ଓ ବିଶ୍ୱାସ । ଜାତୀୟ ଓ ଆଞ୍ଚଳିକ ସ୍ତରରେ ମଧ୍ୟ ଅନେକ କିଛି ପରିବର୍ତ୍ତନ ଘଟିଛି । ଏଗୁଡ଼ିକ ଆମ ଜୀବନର ଅଂଶ ବିଶେଷ । ସେ କୌଣସି ସ୍କାମ୍ ହେଉ ବା ନୂଆ ସ୍କିମ୍ ହେଉ; ସେ ରାଜନୀତିକ ଆଧ୍ୟାତ୍ମିକ ହଟଚମଟ ହେଉ ବା ଅଟଳ ବିହାରୀଙ୍କ ନୂତନ ରାଜନୀତିକ ବର୍ଣ୍ଣାଶ୍ରମ; ସେ ଫୁଲବାଣୀର ଆଦିବାସୀ ଓ ଭୋଇ ଝମେଲା ହେଉ ବା ଜଗନ୍ନାଥଙ୍କର ନାଗାର୍ଜୁନ ବେଶ ଦେଖିବାକୁ ଆସିଥିବା ଭକ୍ତଙ୍କର ଦଳାଚକଟାରେ ମୃତ୍ୟୁ ହେଉ; ପାର୍ଲାମେଣ୍ଟରେ ପଛୁଆ ଦଳିତ ବର୍ଗଙ୍କର ସଂଖ୍ୟା ଭିତ୍ତିକ ଅଭିବୃଦ୍ଧି ହେଉ ବା ଲାଟୁର୍ ଭୂମିକମ୍ପ । ଏହା କିନ୍ତୁ ଜଣେ ସମ୍ୟକ୍ ସଚେତନ ମଣିଷକୁ ମୋହମୁକ୍ତ କରାଇବା ଲାଗି ସମର୍ଥ । ପ୍ରତ୍ୟକ୍ଷ ଅନୁଭୂତି ସକଳ ଆଜି ଜଣେ ମଣିଷକୁ ମୁହ୍ୟମାଣ କରିଦେଇ ପାରେ, କିନ୍ତୁ ତାହା ବାସ୍ତବତାକୁ ନୂଆ ଠାଣିରେ ଭେଟିବାର ଉପାୟ । ଆଜିର କବିକୁ ତେଣୁ ଯେମିତି ଜୀବନ ସେମିତି ମନ, ଯେମିତି ଚଳଣି ସେମିତି ଚାହାଣି ନେଇ ଆଗେଇବାକୁ ପଡ଼ିବ- ଏହାର ବିଶେଷ କାରଣ ଏଇ ଯେ ସେ ଆଜି କେବଳ ଜଣେ ନପୁଂସ ଦର୍ଶକ ନୁହେଁ, ଜଣେ ସଚେତନ ଅଂଶୀଦାର । ସୁତରାଂ, କବିତା କୁହାଯାଉ; ଲେଖା ନଯାଉ ।

ଅଜୟ ପ୍ରଧାନ

(୨୫/୦୪/୧୯୯୭)

BLACK EAGLE BOOKS

www.blackeaglebooks.org
info@blackeaglebooks.org

Black Eagle Books, an independent publisher, was founded as a nonprofit organization in April, 2019. It is our mission to connect and engage the Indian diaspora and the world at large with the best of works of world literature published on a collaborative platform, with special emphasis on foregrounding Contemporary Classics and New Writing.

www.ingramcontent.com/pod-product-compliance
Lightning Source LLC
Chambersburg PA
CBHW020546080526
44583CB00013B/1016
* 9 7 8 1 6 4 5 6 0 2 0 2 6 *